$\mathcal{U}$ma introdução à metafísica

SÉRIE ESTUDOS DE FILOSOFIA

$\mathcal{U}$ma introdução à metafísica

2ª edição

Max Costa

Thiago Melo

Rua Clara Vendramin, 58 . Mossunguê
CEP 81200-170 . Curitiba . PR . Brasil
Fone: (41) 2106-4170
www.intersaberes.com
editora@intersaberes.com

Conselho editorial
Dr. Alexandre Coutinho Pagliarini
Dr.ª Elena Godoy
Dr. Neri dos Santos
M.ª Maria Lúcia Prado Sabatella

Editora-chefe
Lindsay Azambuja

Gerente editorial
Ariadne Nunes Wenger

Assistente editorial
Daniela Viroli Pereira Pinto

Edição de texto
Monique Francis Fagundes Gonçalves

Capa
Denis Kaio Tanaami (*design*)
Silvio Gabriel Spannenberg (adaptação)
Everett Collection/Shutterstock (imagem)

Projeto gráfico
Bruno Palma e Silva

Diagramação
Estúdio Nótua

Iconografia
Regina Claudia Cruz Prestes
Vanessa Plugiti Pereira

Dados Internacionais de Catalogação na Publicação (CIP)
(Câmara Brasileira do Livro, SP, Brasil)

Costa, Max
　　Uma introdução à metafísica / Max Costa, Thiago Melo. -- 2. ed. -- Curitiba, PR : InterSaberes, 2023. -- (Série estudos de filosofia)

　　Bibliografia.
　　ISBN 978-85-227-0807-9

　　1. Aristóteles – Metafísica 2. Filosofia antiga 3. Livre arbítrio 4. Metafísica I. Melo, Thiago. II. Título. III. Série.

23-167500　　　　　　　　　　　　　　　　CDD-110

Índices para catálogo sistemático:
1. Metafísica : Filosofia　110

Eliane de Freitas Leite – Bibliotecária – CRB 8/8415

1ª edição, 2015.
2ª edição, 2023.

Foi feito o depósito legal.

Informamos que é de inteira responsabilidade dos autores a emissão de conceitos.

Nenhuma parte desta publicação poderá ser reproduzida por qualquer meio ou forma sem a prévia autorização da Editora InterSaberes.

A violação dos direitos autorais é crime estabelecido na Lei n. 9.610/1998 e punido pelo art. 184 do Código Penal.

apresentação, ix
organização didático-pedagógica, xiii
introdução, xvii

1

A teoria metafísica de Aristóteles, 28

1.1 A origem do problema, 30

1.2 A ciência do ser, 34

1.3 O princípio mais básico da ciência do ser , 37

1.4 O sentido original do ser, 45

2

Metafísica medieval: o problema dos universais, 58

2.1 Teoria das ideias de Platão, 61

2.2 Realismo e nominalismo, 66

2.3 A teoria da abstração de Santo Tomás
de Aquino, 68

2.4 Crítica de Ockham à teoria da abstração
de Santo Tomás de Aquino, 75

3 O argumento ontológico, 86

3.1 O argumento ontológico de Santo Anselmo, 88
3.2 A objeção de Gaunilo: o argumento da ilha perdida, 93
3.3 Crítica de Kant, 95

4 Crítica de Hume à metafísica, 106

4.1 O que podemos conhecer?, 108
4.2 A natureza do entendimento, 113
4.3 Crítica de Hume à necessidade metafísica, 118
4.4 A contundência das críticas de Hume à noção de necessidade, 121

5 Necessidade, possibilidade e contingência na metafísica contemporânea, 130

5.1 A metafísica da modalidade, 132
5.2 Distinção *de dicto*/*de re*, 141
5.3 A distinção de Forbes, 145
5.4 Argumentos metafísicos, 146
5.5 Objeções, 147
5.6 Objeção de Kneale, 150
5.7 Objeção de Quine, 151
5.8 Objeção de Kaplan (argumento lógico), 153
5.9 Confusão *de dicto*/*de re*, 156

6 O problema do livre-arbítrio, 168

6.1 Os conceitos de *acontecimento*, *ação* e *deliberação*, 170
6.2 A origem do problema, 171

6.3 Incompatibilismo e inexistência
de livre-arbítrio, 175

6.4 Críticas ao determinismo radical, 176

6.5 Incompatibilismo e existência
do livre-arbítrio, 179

6.6 Críticas ao libertismo, 181

6.7 Compatibilismo e a existência
do livre-arbítrio, 184

6.8 Críticas ao determinismo moderado, 187

considerações finais, 199
referências, 203
bibliografia comentada, 211
respostas, 215
sobre os autores, 223

apresentação

Este é um livro introdutório de metafísica, no qual aprenderemos sobre a metafísica de Aristóteles, a teoria dos universais platônicos e a disputa entre medievais que envolveram interpretações realistas e nominalistas sobre as formas. Demonstraremos um dos mais famosos argumentos em prol da existência de Deus, as principais críticas relacionadas ao citado raciocínio e os modos de rebatê-las. Na sequência, apresentaremos a crítica de David Hume à metafísica clássica, a teoria do filosófo britânico sobre a natureza do intelecto e os limites do conhecimento. Para continuar essa jornada, mostraremos como a metafísica atual passou por uma intensa reformulação, sobretudo do ponto de vista lógico, e aprenderemos a respeito da natureza da necessidade metafísica e, por fim, sobre a liberdade humana.

A estrutura desta obra está organizada em três partes, nas quais estão distribuídos seis capítulos.

Na primeira parte (Capítulos 1, 2 e 3), o tema central são as teorias metafísicas antiga e medieval. Nessa unidade, mostraremos um bom exemplo de como essas teorias eram pensadas até a Idade Moderna.

Na segunda parte (Capítulo 4), apresentaremos a crítica de Hume à metafísica tradicional.

Por fim, na terceira parte (Capítulos 5 e 6), veremos o debate sobre a necessidade metafísica e uma apresentação sobre as diversas teorias a respeito do "ópio da liberdade" nas ações humanas.

A proposta deste livro é propiciar um conteúdo básico sobre a metafísica que permita a você ter contato com os conceitos e teorias indispensáveis, a fim de que possa tomar uma posição diante de problemas metafísicos. Dessa maneira, nosso intuito é orientá-lo a pensar filosoficamente por conta própria, e não apenas reproduzir as ideias de filósofos. Se conseguirmos ajudá-lo a pensar assim, teremos atingido o objetivo maior do ensino.

As pessoas que estudam filosofia precisam ser encorajadas a se tornarem filósofos. Elas precisam ter consciência de que a filosofia é uma área de conhecimento acessível a qualquer um que se disponha a estudar e a pensar cuidadosamente. Não é necessário ser um gênio ou um erudito para ser um filósofo. A filosofia não é exclusiva para privilegiados e não é um trabalho realizado apenas por pensadores famosos.

Felizmente, essas ideias ficaram para trás! Nunca se produziram tantos filósofos e tantas ideias filosóficas como nos últimos 100 anos. Jamais tantas respostas para os problemas filosóficos foram elaboradas como hoje. A filosofia nunca foi tão produtiva e comum.

No Brasil, a Filosofia é uma disciplina obrigatória no ensino médio, e estudá-la é uma oportunidade de ouro para todos aqueles que pretendem "viver" da busca pelo saber. Não pense que filósofos estão apenas nas grandes universidades ou que se aprende filosofia de alto nível somente no mestrado ou doutorado. Hoje, a internet e a grande quantidade de livros publicados sobre a área possibilitam a todos os profissionais da área trabalhar com rigor e fecundidade, seja em um *blog*, seja lecionando em uma escola.

Você pode começar a filosofar no mesmo momento em que lê este livro. Além disso, pode procurar falhas nos raciocínios e conceitos aqui expostos. Essa atitude está longe de ser malvista por nós, os autores, pois entendemos essa iniciativa como uma oportunidade para exercitar o seu estudo e também para produzir ideias que contribuam para o desenvolvimento do conhecimento filosófico. Todos ganham com isso.

organização didático-pedagógica

Esta seção tem a finalidade de apresentar os recursos de aprendizagem utilizados no decorrer da obra, de modo a evidenciar os aspectos didático-pedagógicos que nortearam o planejamento do material e como o leitor pode tirar o melhor proveito dos conteúdos para seu aprendizado.

Introdução do capítulo

Logo na abertura do capítulo, você é informado a respeito dos conteúdos que serão abordados, bem como dos objetivos que o autor pretende alcançar.

Síntese

Você conta, nesta seção, com um recurso que o instigará a fazer uma reflexão sobre os conteúdos estudados, de modo a contribuir para que as conclusões a que você chegou sejam reafirmadas ou redefinidas.

Indicações culturais

Ao final do capítulo, os autores oferecem indicações de livros, filmes ou sites que podem ajudá-lo a refletir sobre os conteúdos estudados e permitir o aprofundamento em seu processo de aprendizagem.

Atividades de autoavaliação

Com estas questões objetivas, você tem a oportunidade de verificar o grau de assimilação dos conceitos examinados, motivando-se a progredir em seus estudos e a se preparar para outras atividades avaliativas.

Atividades de aprendizagem

Aqui você dispõe de questões cujo objetivo é levá-lo a analisar criticamente determinado assunto e aproximar conhecimentos teóricos e práticos.

Bibliografia comentada

Nesta seção, você encontra comentários acerca de obras de referência para o estudo dos temas examinados.

introdução

A tarefa de definir o que é a metafísica não é fácil. Podemos dizer que se trata de um ramo da filosofia, mas isso não é suficiente. Temos dois problemas principais para cumprir a tarefa de apresentar a você uma caracterização minimamente satisfatória dessa disciplina: o primeiro é o de classificar a metafísica entre as demais disciplinas do conhecimento; o segundo, e talvez o mais difícil, é o de determinar qual é exatamente a natureza desse campo de estudo. Infelizmente, é muito difícil resolver essas duas questões separadamente, pois estão intimamente relacionadas. A classificação do "lugar" da metafísica entre as outras disciplinas do conhecimento humano não está desvinculada da caracterização de sua natureza, e determiná-la é uma tarefa árdua; por isso mesmo, não podemos obedecer ao padrão de classificação das demais disciplinas do saber, como a física, a química e a biologia.

O que delimita, então, o campo de atuação das disciplinas? Há uma zona de fronteira bem definida entre cada uma delas? Acreditamos que não. Em geral, são os problemas que estão relacionados entre si que determinam qual área do saber será responsável por tratá-los. Por exemplo: o movimento dos astros celestes delimita um conjunto de problemas – explicar por que certos corpos celestes descrevem a trajetória que apresentam. Assim, esssa questão determina o campo de atuação que, nesse caso, é o de uma das áreas da física, a cosmologia. No entanto, há vezes em que um problema ocupa determinada zona de fronteira e não somos capazes de definir a qual disciplina ele pertence – se à A ou à B. Ninguém discute que o estudo da natureza do átomo, de sua constituição, bem como da interação desse sistema com as moléculas e suas respectivas reações seja pertencente à química, apesar de todos os modelos da natureza do átomo terem sido formulados por físicos. A divisão sobre o estudo da natureza e constituição de um átomo está organizada da seguinte forma: fenômenos relacionados ao núcleo de um átomo pertencem ao campo de estudo da física, e os estudos relacionados aos elétrons, que giram em torno do núcleo, pertencem à química. Com isso, podemos constatar que muitas dessas distinções que delimitam e separam um campo do conhecimento de outro são convencionais. Se um pesquisador busca entender o funcionamento de algum sistema que compõe o corpo humano, então temos uma pesquisa que pertence à biologia; se um pesquisador procura compreender as relações entre as espécies animais, então esse estudo provavelmente pertença ao ramo da zoologia.

Como disciplina do conhecimento humano, a metafísica se assemelha às outras áreas do saber apenas em relação ao seu intuito, que é produzir conhecimento. Mas se afasta quanto à natureza dos problemas com os quais ela lida e, consequentemente, quanto à metodologia empregada na produção de conhecimento. A metafísica lida com os aspectos mais gerais da realidade e faz questionamentos como: "Existem fatos contraditórios na realidade?"; "No que consiste a necessidade das leis da ciência?"; "Como é possível a liberdade humana em meio a um mundo constituído por fatos completamente deterministas?"; "As propriedades que atribuímos às coisas existem ou são meras abstrações do pensamento?", entre outras indagações. Como disciplina do conhecimento, o objetivo da metafísica é basicamente dar uma resposta satisfatória a essas perguntas. Mas de que maneira ela está constituída para tal fim?

Uma das garantias de que as proposições da ciência constituem um conhecimento seguro consiste no fato de a investigação científica ser pautada sempre por uma metodologia que a auxilia em seus passos. No entanto, o mesmo não acontece no caso da filosofia e, consequentemente, da metafísica. Como então podemos atestar a racionalidade das teorias metafísicas? Esse é um assunto que será tratado no Capítulo 4, no qual veremos uma forte crítica à metafísica, lançada por David Hume (1711-1776), pensador que desafiou a capacidade humana de alcançar a verdade de proposições que transcendem a experiência. Na atualidade, essa crítica foi superada, como veremos. Então retornamos à pergunta: como as proposições da metafísica podem ser racionalmente justificadas? A resposta é: por meio de uma metafísica logicamente disciplinada, ou seja, por meio de um estudo de metafísica que seja pautado por uma investigação que utilize amplamente os recursos da lógica.

xix

A lógica é, desde o início da filosofia, uma pedra de toque da justificação racional do conhecimento, pois essa ferramenta auxilia a dissolver contradições e inconsistências nas teorias e nos argumentos. Não apenas a lógica, mas também – e principalmente – a matemática permitiu um avanço sem igual nas ciências. Na verdade, a lógica e a matemática são dois elementos essenciais à ciência. Aquela (clássica e não clássica) e esta oferecem a fonte dos recursos com base nos quais se constrói uma teoria científica, que consiste em uma família de modelos axiomatizada (não é possível construir uma teoria científica sem o aparato técnico fornecido pelas ciências exatas, incluindo a estatística). Kant (1724-1804) indicou, no segundo prefácio de *Crítica da razão pura* (2001), que uma disciplina do conhecimento só atinge o caminho seguro de uma ciência quando esta se aproxima da lógica e da matemática. O diagnóstico do filósofo prussiano sugere que, entre os sintomas apresentados pela metafísica tradicional, o principal é o fato de ela ter de voltar e reconsiderar suas bases e seus fundamentos de tempos em tempos, o que revela que essa área tem caído nas armadilhas da razão em decorrência de se lançar cegamente para além dos fatos empíricos.

A física, que, por muito tempo na história do pensamento humano, emperrava na tentativa de apresentar um modelo que explicasse os movimentos dos corpos celestes, alcançou com Newton esse caminho seguro. Foi apenas após a revolução copernicana que esse evento foi possível, ou seja, somente depois que o cenário que propunha o geocentrismo foi alterado para um cenário em que o heliocentrismo passou a vigorar é que se tornou possível compreender, de maneira mais efetiva, os movimentos dos planetas do Sistema Solar.

Para permitir que a metafísica deixe para trás seus dias de obscuridade epistêmica, Kant recomenda fortemente para que se proceda uma revolução em filosofia similar à promovida pelas teorias de Copérnico na física. Devemos compreender melhor a capacidade, os detalhes e os limites do conhecimento humano para evitar incoerências metafísicas. É apenas conhecendo adequadamente a natureza do intelecto humano que seremos capazes de compreender melhor o seu produto, o conhecimento. E o conhecimento metafísico tem seus limites justamente nas fronterias da razão. É da razão, a fonte de todo o conhecimento, que brotam a matemática e a lógica, frutos de um movimento da razão sobre si mesma. De acordo com Kant, é por meio dessa facilidade humana que devemos olhar para compreender os limites do conhecimento humano. A inversão copernicana em filosofia consiste em não mais enxergarmos a mente humana como algo imóvel, estático, como um mero receptor inerte das impressões sensíveis. Precisamos deixar de entender o produto da razão como a nossa linguagem, e os sistemas científicos e de filosofia como resultado de princípios que unificam os dados dos sentidos de modo contingente. A razão é ativa, segundo Kant: ela tem um grande interesse pelo universal. Assim, devemos nos voltar para nós mesmos para compreender melhor o alcance do nosso conhecimento, e todo esse alcance deve se limitar ao que podemos produzir nos moldes da lógica e da matemática.

No entanto, esse alcance foi expandido nos últimos 100 anos. A lógica e a matemática se expandiram de uma forma impressionante nesse último século, e a ciência também. Os limites do que podemos conhecer estão um pouco além daquilo que Kant imaginava. Não estamos completamente desamparados e sem chão em meio ao nevoeiro epistêmico que existe para além dos limites da experiência sensível. A mente humana é capaz de se guiar nesse espesso e opaco nevoeiro, obviamente que com a ajuda da lógica e da matemática.

Os estudos e os progressos científicos e matemáticos no século XX, em que o conhecimento humano se desenvolveu mais amplamente e, consequentemente, o período em que podemos verificar uma radical mudança em nossa forma de agir, foram os mais impressionantes que tivemos em toda a história humana. A lógica não estava completa e acabada, como pensou Kant, e muito menos a geometria dependia da nossa intuição do espaço*. Vimos o alvorecer da nova lógica, como os estudos de Frege e Boole; o desenvolvimento da lógica modal e das lógicas não clássicas, como a lógica paraconsistente de Newton da Costa, e da estatística e de inúmeros outros estudos. E todo esse esforço permitiu que os estudos em metafísica florescessem e se desenvolvessem e, acima de tudo, alcançassem o patamar e a aceitação por parte de inúmeros filósofos nos dias atuais.

Escolhemos dividir essa obra em seis capítulos, que se desenrolam pelos períodos históricos mais relevantes para as discussões em metafísica.

No primeiro capítulo, vamos expor a teoria metafísica de Aristóteles, que foi o primeiro a estabelecer um domínio próprio da metafísica. O filósofo se deu conta de que muitas das questões filosóficas discutidas até então pertenciam a um domínio especial: o das coisas que existem. Na terminologia do pensador estagirita, o domínio era do **ser**. A existência é compreendida de vários modos, como essência, qualidade, quantidade etc. Diante dessa constatação, a questão central na metafísica de Aristóteles é a investigação do sentido primeiro de ser, ou existência. Essa tarefa é árdua, como veremos nesta obra: o filósofo teve de desenvolver vários pontos para conseguir descobrir o sentido primeiro da existência.

Dando continuidade à sequência histórica deste livro, temos a Idade Média, profundamente marcada por discussões que remontam às doutrinas

---

* O espaço é a forma *a priori* da percepção dos objetos sensíveis; é condição necessária da percepção. A intuição do espaço é a percepção das relações espaciais entre os objetos.

de Platão e Aristóteles. Nos Capítulos 2 e 3, vamos apresentar o debate em torno de dois conceitos pilares da metafísica escolástica: o problema dos **universais** e o problema **ontológico**, ou da existência de Deus.

O problema dos universais surge da tentativa de resolver dois enigmas bastante conhecidos na filosofia: o primeiro diz respeito à possibilidade do conhecimento, e o segundo se refere ao fenômeno da semelhança. Quando Platão tentou explicar como se dava o conhecimento, viu-se compelido a reconhecer a existência de entidades fora do tempo e do espaço, imutáveis, eternas e, por isso mesmo, incorruptíveis. Essas entidades, ontologicamente alheias a todas as coisas, tinham uma existência independente dos objetos sensíveis ao nosso redor – elas existem como ideias puras, perfeitas e são aquilo que confere forma aos objetos mundanos, imperfeitos, corruptíveis e finitos. O mundo que nós percebemos, dos objetos sensíveis, é mutável, está em constante movimento e transformação. Para que conheçamos algo, necessitamos de algum elemento estático imóvel, ou seja, a **forma**, e os objetos adquirem ou se aproximam de uma forma à medida que eles participam dela ou não.

Outro motivo para postularmos universais surge da necessidade de apresentarmos uma razão para explicar a semelhança. Os objetos se assemelham, e isso é um fato, um dado básico. Reconhecemos padrões e semelhanças o tempo todo. Visto de uma forma simples, pré-filosófica, dois objetos se assemelham sempre em relação a algum aspecto, uma cor, uma forma, um padrão. No entanto, não é tão simples entendermos de um modo satisfatório a natureza desses itens que respondem pela referência de predicados. Quando dizemos que dois objetos têm a mesma cor, então há algo que esses dois objetos compartilham, há algo único que é instanciado por esses dois exemplares. No entanto, a cor em si, como algo que faz parte da realidade, em certo sentido, pode estar em mais de um lugar ao mesmo tempo. Mas como isso é possível?

xxiii

O segundo conceito pilar da metafísica escolástica sobre o qual iremos discutir diz respeito ao famoso argumento ontológico acerca da existência de Deus (argumentos ontológicos são aqueles que pretendem provar a existência de Deus). O termo *ontológico* vem de um ramo específico de estudos em metafísica que se debruça sobre a questão do ser. Portanto, estudaremos sobre o argumento de Santo Anselmo apresentado no *Proslogion II e III*.

Em seguida, vamos apresentar a famigerada crítica à metafísica feita por David Hume. A questão da qual o filósofo parte e que culmina em sua recusa da metafísica clássica é: "Que coisas podemos saber acerca do mundo exterior e de que maneira adquirimos esse conhecimento?". Logo na introdução de seu principal trabalho, *Tratado da natureza humana* (publicado originalmente entre 1739 e 1740), Hume (2000) faz um diagnóstico severo sobre a metafísica especulativa, referindo-se às discussões intermináveis e total falta de consenso entre os filósofos que pretendem oferecer um conhecimento seguro sobre os mais diversos problemas que exigem algum esforço do intelecto humano. O pensador britânico tenta compreender o que conduziu a metafísica a esse estado. De acordo com o filósofo, o único fundamento sólido às ciências e à filosofia é a experiência. Dessa maneira, a melhor compreensão que podemos ter do entendimento humano consiste em considerar a experiência sua fonte exclusiva. Assim, não há espaço para o conceito de *necessidade*, pois não podemos ter a experiência desse conceito. A necessidade como fenômeno psicológico tem seu fundamento no fato de que a mente opera, aproximando certas ideias, sempre de acordo com três princípios básicos: a **semelhança**, a **contiguidade temporal e espacial** e a **causalidade**. Esses três princípios explicam por que acreditamos que o Sol irá nascer todas as manhãs ou por que a água sempre entrará em ebulição quando atingir 100 °C. No fim desta parte da obra, veremos como podemos refutar a concepção empirista de Hume sobre a *necessidade*, baseando-nos na filosofia de Saul Kripke.

O Capítulo 5 é totalmente devotado às discussões metafísicas contemporâneas do conceito de *necessidade*. Há verdades necessárias? As proposições da ciência e os princípios da filosofia são verdades necessárias? Se elas são, então em que consiste a necessidade que atribuímos a elas? Seria a necessidade uma característica das leis da natureza? Vamos aprender algumas distinções fundamentais para a compreensão das modalidades aléticas, necessidade, possibilidade e contingência, como a distinção entre *de dicto* e *de re* e sua importância para o estabelecimento da tese realista sobre modalidades. No capítulo citado, vamos apresentar detalhadamente as críticas empiristas de Quine e Kneale e, em seguida, uma resposta a essas considerações. Teremos ainda uma boa noção de como as discussões em metafísica procedem na atualidade.

Por fim, no Capítulo 6, iremos discutir sobre a existência do livre-arbítrio. Com o fortalecimento da concepção mecanicista da ciência moderna, a dúvida sobre a existência do livre-arbítrio tornou-se objeto de grande debate entre os filósofos. Uma corrente defende que não temos liberdade de escolha porque tudo está determinado; outra, que temos liberdade de escolha e que nem tudo está determinado. A corrente mais popular entre os filósofos já defende uma concepção que concilia o determinismo mecânico do mundo com a existência de liberdade de escolha. Vamos analisar os principais conceitos e argumentos de cada uma dessas perspectivas sobre o tema e expor as principais críticas que elas recebem.

Desejamos a você uma boa leitura!

xxv

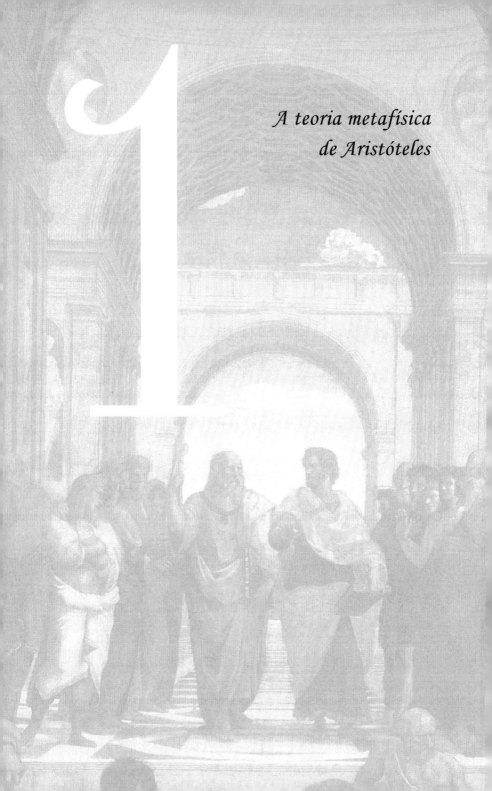

1

A teoria metafísica de Aristóteles

ristóteles (385-322 a.C.) foi o primeiro filósofo a desenvolver uma teoria propriamente metafísica. Em suas reflexões sobre o tema, observamos um conjunto de conceitos e argumentos desenvolvidos para compreender o conceito de existência de maneira rigorosa. Podemos dividir sua metafísica em três eixos: o primeiro constitui o estabelecimento da ciência do ser; o segundo é formado pela sofisticada prova do princípio da não contradição; e o terceiro consiste na investigação da substância dos objetos. Desenvolveremos, neste capítulo, a exposição desses três eixos.

1.1
A origem do problema

Aristóteles foi um pensador muito produtivo: é possível que tenha redigido cerca de 400 obras, das quais menos de um quarto chegou até nossos dias. O filósofo macedônio escreveu sobre quase todas as áreas, sendo o fundador de muitas delas, como a lógica e a biologia. Muitas ideias de Aristóteles foram "as últimas palavras" no campo científico e filosófico por mais de 15 séculos.

Esse filósofo foi tão importante para o desenvolvimento da metafísica que sua obra dedicada ao assunto é a razão de ser do nome *metafísica*. No entanto, esse termo não foi cunhado pelo pensador grego (nem sequer o utilizava). Na maior parte das vezes, Aristóteles tratava o assunto por *filosofia primeira*. Sendo assim, *Metafísica* provavelmente surgiu na primeira organização bibliográfica dos livros do filósofo. As obras estão muito mais próximas de serem notas de suas aulas do que livros para publicação, e seus títulos não foram dados pelo estudioso. Foi então que o responsável por essa organização, o filósofo Andrônico de Rodes (século I a.C.), intitulou um conjunto de textos de *Metafísica*. Os relatos contam que o motivo se deu porque esse conjunto foi organizado depois da obra *Física*, também de Aristóteles. O prefixo *meta-* significa, na língua grega, "depois". Sendo assim, a palavra *metafísica* significa, literalmente, "depois da física". Portanto, caso essa foi a razão do título, esse motivo foi prático.

Os textos de Aristóteles apresentam uma terminologia excêntrica e também confusa para os dias de hoje. Confusa porque o filósofo não foi rigoroso no uso dos termos, usando o mesmo vocábulo com sentidos diferentes. Por isso, caso queira ler seus livros, recomendamos a consulta de glossários dos termos aristotélicos, em especial, o *Vocabulário de Aristóteles*, de Pierre Pellegrin (2010).

É curioso, no entanto, o fato de o título ter permanecido e de nomear o assunto ali tratado por toda a posteridade. Ainda mais quando vemos uma forte relação entre os livros *Física* e *Metafísica*. A seguir, vamos tratar dessa relação.

O livro *Física*, de Aristóteles, não estuda os mesmos temas da física atual. O livro constitui uma ampla investigação que abrange desde as primeiras causas da natureza até os conceitos centrais para o adequado entendimento do mundo físico, como natureza, mudança, lugar, espaço, tempo, infinito etc. Enquanto a física moderna e contemporânea investiga, por exemplo, aspectos do tempo e do espaço, a filosofia da natureza investiga os próprios conceitos de *tempo* e *espaço*. É esse último tipo de investigação que Aristóteles contempla em sua obra.

A *Física* de Aristóteles tem como um de seus pontos altos a tese de que as coisas no mundo são compostas por **matéria** e **forma**. Para o filósofo grego, os objetos do mundo precisam ser compostos desses elementos para que seja possível a mudança.

Aristóteles toma como dado a existência da mudança. A experiência, diz o pensador macedônico, garante-nos isso. Como então a mudança é possível? Aristóteles concorda com Parmênides de Eleia (século V a.C.) que o surgimento de algo a partir do nada não é possível. Entretanto, existe outro tipo de mudança (negligenciada por Parmênides), a mudança de "algo para algo" (*Física*, livro V, capítulo 1*). A razão é a seguinte: todas as coisas no mundo mudam de algo anterior para algo posterior – da criança para o adulto, do preto para o cinza, do grande para o pequeno etc. Portanto, é preciso supor ao menos duas coisas para que aconteça mudança. Em outras palavras, a mudança precisa ocorrer com base em algo complexo, um conjunto de elementos em que alguma coisa persiste e outra modifica. O exemplo mais esclarecedor usado por Aristóteles é da estátua: ela é um conjunto de coisas, uma coisa complexa que é formada com base no bronze e na imagem impressa pelo escultor. No processo de mudança em que o metal bruto é transformado em estátua, o bronze faz parte tanto do bronze bruto quanto da estátua, enquanto a forma bruta do bronze dá lugar a uma imagem particular. O metal persistiu e a forma se alterou, sem ocorrer uma mudança do nada, ou seja, foi uma mudança de algo para algo.

Parmênides foi um filósofo e jurista. É conhecido por ter sido o primeiro a se atentar para um problema marcadamente ontológico. Sua obra mais conhecida é o poema filosófico *Sobre a natureza*, parcialmente perdido. Esse filósofo não aceitava que algo podia provir de outra coisa. Para ele, por exemplo, a lama não poderia provir da água, isso porque o processo de geração pressupõe a passagem de algo para algo que ele não é. Para o filósofo, tal processo é equivalente a

---

*   Os livros de Aristóteles são uma reunião de cadernos ou livros – o que hoje consideraríamos um caderno era, na Grécia Antiga, um livro (*biblios*). Com base nisso, foi convencionado que cada livro seria numerado. A obra *Física* é uma reunião de 8 livros, enquanto *Metafísica* é uma junção de 14 obras. Portanto, quando nos referirmos a uma parte específica de determinada obra, após o nome, indicaremos a numeração do livro com números romanos e a numeração do capítulo com algarismos arábicos, como: "*Física*, livro II, capítulo 3", "*Metafísica*, livro I, capítulo 4" e "*Ética Nicomaqueia*, livro III, capítulo 2".

passar do não existente para o existente ou do existente para o não existente. É como a lama passar da não existência para a existência. É como provir do nada, o que não é aceitável (*Metafísica*, livro I, capítulo 5; *Física*, livro I, capítulos 2 e 3; Kenny, 1999).

Assim, como dito anteriormente, Aristóteles defende que os objetos que se modificam são compostos de matéria e forma. A matéria é o que permanece no processo de mudança, e a forma é o que se modifica nesse processo. Em qualquer processo de mudança, segundo Aristóteles, tem de haver uma matéria subjacente e uma forma para que esta possa sofrer uma alteração sem que o objeto deixe de ser ele mesmo (*Física*, livro I, capítulo 7).

A tese de que os objetos físicos são compostos por matéria e forma (também conhecida como *tese hilemórfica*) levanta uma nova questão: A substância dos objetos físicos é a matéria ou a forma? (*Física*, livro I, capítulos 7 e 9). Aristóteles não procura responder a esse problema em *Física*. Para ele, essa tarefa é da filosofia primeira.

O termo *substância* é usado com três sentidos por Aristóteles: 1) algo que existe de forma independente; 2) a propriedade que algo não poderia deixar de ter e o distingue de todas as outras coisas (essência); 3) aquilo que subjaz às mudanças que algo sofre. Esse último sentido envolve os dois sentidos anteriores. Ao ler os textos de Aristóteles, é preciso se atentar para essas distinções, pois o filósofo não sinaliza muito bem qual sentido tem em mente quando usa a palavra *substância*.

1.2
A ciência do ser

No quarto livro de Metafísica, Aristóteles anuncia que existe uma ciência do ser, considerada "a filosofia primeira" pelo filósofo. A ideia inicial que temos ao falar de uma ciência do ser é a de uma ciência que investiga o conceito de tudo que é ser. Nesse sentido, haveria um gênero de todas as coisas que existem, uma característica que todos os seres teriam em comum. Assim como o gênero da matemática é a quantidade, o gênero das coisas que existem seria o ser. À primeira vista, ao lermos a abertura do quarto livro citado, parece que é disso de que trata a ciência do ser – na terminologia de Aristóteles, a ciência do *ser como* ser*. Observe:

Há uma ciência que estuda o ser como ser e suas características próprias. Ela não é igual às outras ciências, pois nenhuma outra ciência examina universalmente o ser como ser. Elas separam uma parte do ser e estudam esta parte, como fazem as ciências matemáticas[**]. (Metafísica, livro IV, capítulo 1)

A ciência do ser, no entanto, não diz respeito a uma característica comum a todos os seres. Aristóteles afirma que é possível também conceber uma ciência de outro modo: com base em um tipo de correlação entre os seres, que é diferente de uma característica comum a todos eles. Por exemplo: é comum a todos os conceitos da matemática a noção

---

* A maior parte dos estudiosos das obras de Aristóteles prefere usar *enquanto* em vez de *como*. Aqui, vamos usar a segunda opção. A justificativa está no fato de que cotidianamente usamos mais *como* em situações parecidas. Por exemplo: "Estou conversando com você como professor, não como pai" ou "Vamos encarar o pagamento da dívida como dívida, não como presente".

** As traduções de *Metafísica* aqui utilizadas são traduções livres com base no texto original em grego (edição de Ross de Aristotle, 1924) e das seguintes traduções: Angioni (2005, 2007, 2009), Shields (2007) e Ross (1952).

de "unidade". Todos os conceitos matemáticos têm a característica da unidade. Da mesma maneira, a vida é a característica comum dos seres biológicos. Já o tipo de correlação que Aristóteles sustenta não implica em uma característica comum, mas uma referência única. Para o filósofo, as coisas que são seres apresentam uma correlação com o sentido primordial do ser, ou seja, com o sentido substancial. Tal correlação é apresentada por Aristóteles por meio de uma analogia com o adjetivo *saudável*:

"Ser" é dito de muitas maneiras, mas em relação a algo único e a uma natureza única, não de maneira homônima. Antes, como tudo que é saudável refere-se à saúde, alguns por preservá-la, alguns por produzi-la, alguns por serem sinal da saúde e outras por serem capaz de recebê-la, ou como o "medicinal" em relação à medicina [...]. Do mesmo modo o ser é dito de várias maneiras, mas em relação a um único princípio. Algumas coisas são chamadas seres porque são substâncias, outras porque são modos das substâncias, outras porque são processos em direção à substância, ou corrupções, ou privações, ou qualidades, ou fatores que produzem ou geram substância ou algo que é dito em relação à substância, ou negações de algum destes, ou da própria substância.

(*Metafísica*, livro IV, capítulo 2)

O que corre no centro da analogia feita por Aristóteles parece ser o seguinte: sempre que qualificamos alguma coisa como "saudável", fazemo-lo com vistas à saúde. Até aqui, essa relação é óbvia. O que há de novo é o entendimento de que o adjetivo *saudável* é usado com sentidos diferentes, sem perder a relação com o conceito de "saúde". O nome *banco*, por exemplo, tem dois sentidos diferentes: o banco em que nos sentamos (assento) e o banco de crédito (instituição financeira). Não há uma relação de sentido entre esses dois bancos, a não ser o nome *banco*. Isso é uma relação de **homonímia**.

Já os usos diferentes da palavra *saudável* mantêm uma relação com o conceito de "saúde". Por exemplo: dizemos que uma relação pessoal é saudável porque preserva o bem-estar social. Isso é diferente de dizermos que determinados exercícios físicos são saudáveis. O que faz desses exercícios algo saudável é a capacidade que eles apresentam de equilibrar o organismo. Se uma pessoa tem uma aparência saudável, significa que ela apresenta sinais de saúde. Esses três sentidos são diferentes do conceito de *saúde* porque este significa "estado de equilíbrio do organismo". No entanto, todos os sentidos de *saudável* originam-se do conceito de *saúde*, pois estão relacionados ao bom funcionamento do corpo como um todo.

O ponto alto dessa ideia é que Aristóteles descobre um novo tipo de unidade[*], uma unidade que ele acredita permitir a existência da ciência do ser. Antes dessa ideia, acreditava-se que apenas a unidade genérica permitiria tal ciência. O conceito de *ser* definiria todas as coisas que são seres, assim como o conceito de *animal* define todos os animais e permite a ciência que trata sobre eles (zoologia). Contudo, Aristóteles constatou não haver um conceito genérico de *ser* que possibilite a ciência do ser. De acordo com o pensador, não pode haver um conceito comum que defina todos os seres, pois não há um sentido único de "ser", mas vários (*Ética Nicomaqueia*, livro I, capítulo 6), os quais contam com a mesma origem. Isso é o que possibilita a ciência do ser.

A referência dos sentidos de *ser,* ou *existência,* é a **substância**, que é o ser em sentido principal. Por isso, o sentido de *ser* das qualidades, como a cor, tem origem no sentido substancial de *ser*. Quando falamos que uma cor existe, assim fazemos porque pensamos na existência em sentido substancial, que é diferente do sentido de *ser* das qualidades.

---

[*]   Para mais informações, conferir Zingano (2013).

O que precisa ser explicado por Aristóteles é a real dependência dos sentidos secundários de *ser* em relação ao sentido substancial. Há, realmente, uma dependência nessa relação ou é apenas um caso de homônimos? Somente afirmar que os sentidos de *ser* referem-se ao sentido original não garante que de fato haja uma dependência. Infelizmente, essa garantia parece não ter sido dada. As razões para essa lacuna são incertas: Aristóteles pode ter achado suficiente sua explicação para o novo tipo de unidade ou, simplesmente, pode não ter conseguido estabelecer, efetivamente, esse tipo de unidade.

1.3
O princípio mais básico da ciência do ser *

Um assunto que está relacionado com o sentido original de *ser* é o princípio mais básico da ciência do ser. O objetivo da ciência do ser é investigar o sentido original de *ser*. Mas sobre que bases esse objetivo é alcançado? Nas próximas páginas, vamos comentar o tratamento que Aristóteles dá ao **princípio da não contradição**.

A filosofia investiga os conceitos mais básicos, ou seja, aqueles que não dispõem de conceitos anteriores: a matemática é construída com base no conceito de *número*; por meio dele, chega-se aos conceitos de *par* e de *ímpar*, com base nos quais se chega ao conceito de *proporção*, e assim por diante. Isso significa que a maior parte dos conceitos matemáticos remetem-se a conceitos anteriores que os fundamentam. O conceito de *par*, por exemplo, é fundamentado por um conceito anterior a ele, o de *número*. Mas como fica a questão em relação ao próprio conceito de *número*? Não há um conceito anterior a ele. Aqui,

---

*   Esta seção e a próxima estão de acordo com o desenvolvimento realizado por Christopher Shields em Aristotle (2007).

então, entra a filosofia, a disciplina que pode estudar adequadamente os conceitos mais básicos.

É com esse raciocínio em mente que Aristóteles anuncia as condições do princípio mais básico de todos:

> *é evidente que cabe ao filósofo, aquele que investiga qualquer substância, investigar também sobre os princípios silogísticos. Pois convém que aquele que mais conhece sobre cada tipo de coisa seja capaz de estabelecer os princípios mais certos destas coisas, de modo que aquele que mais conhece sobre seres como seres é capaz de estabelecer o princípio mais certo de todos. E este é o filósofo. O princípio mais certo de todos é aquele que é impossível enganar-se. É impossível enganar-se porque é necessário que tal princípio seja o mais conhecido (pois todos podem enganar-se sobre o que não conhecem) e que seja não hipotético. (Metafísica, livro IV, capítulo 3)*

De acordo com a citação, o princípio mais certo (de que é impossível enganar-se) precisa ser o mais conhecido e não apresentar conceitos anteriores (não hipotético). Portanto, essas duas condições fazem de um conceito que as satisfaz o conceito mais básico de todos, que é, de acordo com Aristóteles, o "princípio da não contradição". A ideia desse princípio é a de que é **impossível algo pertencer e não pertencer à mesma coisa ao mesmo tempo e sobre o mesmo aspecto**. Não podemos, por exemplo, conceber que está chovendo e não está chovendo, ou que Sócrates é branco e não é branco. Podemos conceber que Sócrates está sentado agora e que antes não estava sentado. Mas não podemos afirmar que, ao mesmo tempo, Sócrates está sentado e não está sentado. Podemos atestar que Sócrates é competente em lógica e incompetente em biologia. Mas não podemos conceber que sobre o mesmo aspecto Sócrates é competente e incompetente. A expressão *não podemos* é muito importante para compreender o modo como Aristóteles encara o princípio da não contradição, pois o pensador acredita que, de fato, não podemos. Evidentemente, podemos **dizer** contradições (Sócrates é branco e não branco); o que não podemos é **acreditar** em contradições. Diante dessa tese aristotélica, aqueles que já têm algum conhecimento em filosofia podem pensar nas concepções de Heráclito de Éfeso (535 a.C.-475 a.C.). De modo geral, esse pensador dizia que a mesma coisa é e não é. Isso não mostra que é possível conceber contradições? Para Aristóteles, não: segundo ele, pessoas como Heráclito dizem contradições "da boca para fora": "É impossível alguém acreditar que uma mesma coisa é e não é, como alguns julgam que Heráclito dizia, pois não é necessário acreditar no que diz" (*Metafísica*, livro IV, capítulo 3). Na verdade, elas não acreditam em contradições, apenas dizem contradições.

> Heráclito foi um filósofo com ares de guru. Foi o autor da máxima "tudo flui", na qual expressa o fluxo permanente do mundo, e que serve de base para ditos contraditórios de sua autoria. Apenas fragmentos de suas obras e citações de suas ideias chegaram até nós.

Aristóteles reconhece que essa questão precisa de mais explicações. O filósofo sabe que necessita mostrar com rigor a impossibilidade de acreditar em contradições, tanto é que gasta um bom tempo na *Metafísica* fazendo isso. Primeiramente, ele retoma o fato de alguns pensadores afirmarem que acreditam em contradição:

> *Há alguns que, conforme dissemos, afirmam ser possível uma mesma coisa ser e não ser, e ainda dizem que pessoas podem pensar assim. Muitos falam isso, inclusive muitos que investigam a natureza. Mas nós estabelecemos que é impossível algo ser e não ser ao mesmo tempo e, através disso, anunciamos que este é o princípio mais certo de todos.* (*Metafísica*, livro IV, capítulo 4)

Aristóteles ainda acrescenta que alguns pensadores vão mais longe. Há quem exija que o princípio da não contradição seja provado por uma demonstração. *Demonstração* é característica dos argumentos* nos quais a conclusão é obtida com base em premissas sabidamente verdadeiras e mais básicas que a conclusão. Querer provar o princípio da não contradição por uma demonstração significa pedir premissas mais básicas que apoiem a tese de que é impossível algo pertencer e não pertencer à mesma coisa.

Segundo Aristóteles,

> *Alguns exigem que também isso seja demonstrado, mas exigem por falta de formação. Pois é falta de formação não saber para quais coisas é preciso uma demonstração e para quais não. Em geral, é impossível haver demonstração de tudo, porque isso levaria a um processo infinito, não podendo haver demonstração desta maneira.* (Metafísica, livro IV, capítulo 4)

A razão da impossibilidade de provar por meio de demonstração o princípio da não contradição é óbvia para aqueles que dominam os aspectos principais da filosofia. A pessoa que dispõe de uma boa formação em filosofia sabe que há conceitos básicos que não contam com conceitos anteriores nos quais se apoiar. Afinal, como vimos, a filosofia se caracteriza por tratar de conceitos básicos. Portanto, é de se esperar que alguém bem formado reconheça facilmente que o princípio da não contradição não pode ser provado por demonstração, já que é o princípio mais básico de todos. Mais ainda, é necessário que esse indivíduo

---

*   *Argumento* é o raciocínio em que defendemos uma conclusão com base em uma ou mais premissas. O exemplo clássico de argumento é este: todo homem é mortal (premissa). Sócrates é homem (premissa). Logo, Sócrates é mortal (conclusão). Outro exemplo: essa música não é arte (conclusão) porque não provoca sentimentos (premissa).

também reconheça que, ao exigir que o princípio mais básico de todos seja provado por demonstração, pode-se cair num círculo vicioso em que terá de ser exigida infinitamente uma prova para todos os conceitos anteriores, tal como mostrado a seguir.

> Conceito básico (conclusão) → Prova desse conceito (premissas mais básicas que a conclusão) → Prova da prova desse conceito → Prova da prova da prova... → ... → ...

No entanto, após afirmar e explicar que não pode haver prova por demonstração de tudo, Aristóteles atesta que é possível refutar aqueles que negam o princípio da não contradição. Muitos filósofos e estudiosos das obras aristotélicas veem como problemática essa afirmação. Eles julgam que, no fundo, essa refutação não passa de uma prova por demonstração. Nesse caso, as críticas que Aristóteles tem feito a quem nega o princípio da não contradição valeriam para o próprio pensador. Em filosofia, esse erro é chamado de *petição de princípio* e consiste em utilizar como razão aquilo que se quer provar. É como dizer que a Terra é redonda porque ela é esférica. O problema nesse caso está em tentar provar algo com esse mesmo algo. Se o interlocutor não acredita na conclusão, também não irá acreditar na premissa, pois essas duas preposições têm a mesma ideia. Assim, Aristóteles estaria provando com uma prova demonstrativa que o princípio da não contradição não pode ser provado por demonstração.

Mas pode-se refutar com a força demonstrativa até mesmo que isso é impossível, se apenas o oponente dizer algo com sentido. Se ele não falar nada, é ridículo argumentar contra quem não raciocina, exatamente porque não raciocina. Pois alguém assim, por ser assim, é o mesmo que uma planta. (Metafísica, livro IV, capítulo 4)

Particularmente, não concordamos que Aristóteles esteja sendo incoerente. De certo modo, é estranho uma área do conhecimento que trata de conceitos básicos não poder mostrar a razão de ser desses conceitos básicos. Uma das tarefas do filósofo é tentar resolver problemas conceituais. E Aristóteles está diante de um problema conceitual: está diante da tarefa de mostrar que o princípio da não contradição não pode ser negado. Cabe ressaltarmos que não existem apenas argumentos demonstrativos – Aristóteles também reconhece os **argumentos dialéticos**. *Dialético* é a característica dos argumentos nos quais a conclusão é obtida de premissas que ainda não foram definidas como verdadeiras ou falsas, mas que se acredita que sejam verdadeiras.

A saída que o filósofo utiliza é pela via dialética, valendo-se de uma premissa aceita pelo próprio interlocutor: "Lembro que refutar com a força demonstrativa é diferente de demonstrar, porque numa demonstração isso seria petição de princípio. Mas a alegação sendo de outra pessoa haveria refutação, não demonstração" (*Metafísica*, livro IV, capítulo 4).

Essa estratégia de fazer com que o seu opositor diga qualquer coisa com sentido pretende que o seu opositor admita algo. Se Aristóteles não pode demonstrar que o princípio da não contradição não pode ser negado, ele não pode utilizar uma premissa sabidamente verdadeira e mais básica que a conclusão. E a alternativa que ele encontra é uma refutação; é fazer com que o interlocutor admita algo que acaba por contrariar a sua própria afirmação de que o princípio da não contradição pode ser negado. Portanto, não haveria petição de princípio, e Aristóteles conseguiria provar o que pretende.

O ponto de partida contra todos os argumentos desse tipo não é pedir que o oponente afirme que algo é ou não é (pois alguém poderia julgar que isso já é petição de princípio), mas pedir que ele ao menos diga algo com sentido para si mesmo e para outro. Pois é necessário que seja assim, se ele quiser dizer algo com sentido. Se ele não quiser, não há como argumentar com este tipo de pessoa, nem com ele mesmo, nem com outro. Caso aceite-se este ponto, poderá haver refutação com força demonstrativa, pois já haverá algo definido. O autor da alegação não será quem tenta provar, mas o interlocutor. Pois, ao rejeitar a prova, ele se submete à prova. (*Metafísica*, livro IV, capítulo 4)

A ideia de Aristóteles, de modo mais preciso, é não avançar a argumentação na discussão sobre o princípio da não contradição, pois, nesse caso, estaria indo em direção a um conceito anterior e entrando num círculo vicioso. Se o interlocutor exprimir um conteúdo com sentido, pode-se argumentar com base nessa expressão. E o mais importante: não se estará recuando a um conceito anterior. Assim, não se corre o risco de um círculo vicioso porque não se trata do conceito mais básico de todos. Com esse argumento, então, Aristóteles pretende ir contra a posição que sustenta ser possível algo pertencer e não pertencer à mesma coisa, provando o princípio da não contradição sem incorrer em erros.

Depois da expressão com sentido oferecida pelo interlocutor, Aristóteles começa, então, a construir o contra-argumento. Ele utiliza como exemplo a expressão *homem*. Dizer algo significativo supõe um conteúdo determinado. Dizer *homem* supõe um significado que possa ser um conteúdo determinado. Esse significado pode ser qualquer um (desde que seja determinado), por exemplo, "animal bípede". Mas por que uma expressão significativa supõe um conteúdo determinado? Imagine a situação em que João pergunta a Pedro se este se lembra de Maria. Pedro não consegue saber de que Maria João está falando. Os dois conhecem em comum muitas Marias. Pedro então pede para que João determine de qual das Marias ele está falando, mas João diz que agora não se lembra mais de qual delas se trata. Pedro diz para João deixar para lá e os dois mudam de assunto. Essa situação imaginária mostra que a conversa sobre Maria não pode acontecer porque os amigos não conseguiram determinar de qual Maria estavam falando. Era necessário determinar a Maria. Sem dispor de um conteúdo determinado, não há como uma expressão ter significado (ou fazer sentido), e a conversa sobre essa expressão é impossível.

A necessidade de uma expressão significativa ter um conteúdo determinado implica a necessidade de excluir outros conteúdos do significado da expressão. Se a expressão *homem* significa "animal bípede", ela não pode também significar outra coisa, como "animal não bípede" ou "animal rosa". Eis aqui a pressuposição do princípio da não contradição pelo interlocutor. A necessidade de expressar um conteúdo determinado é uma implicação do princípio da não contradição. Se *homem* expressa "animal bípede", não pode expressar outra coisa ao mesmo tempo e sobre o mesmo aspecto.

Se é verdadeiro dizer que algo é homem, é necessário que ele seja animal bípede (pois era isso que "homem" significava). E se isso é necessário, é impossível que ele não seja animal bípede, já que "ser necessário" significa ser impossível não ser. Portanto, é impossível que seja verdadeiro ao mesmo tempo dizer que uma mesma coisa é homem e não é homem. (Metafísica, livro IV, capítulo 4)

A formulação do contra-argumento é esta:

- Se há um conteúdo da expressão *homem*, o conteúdo é "animal bípede".
- Se o conteúdo é "animal bípede", o conteúdo não pode ser outro.
- Portanto, não é possível que o conteúdo da expressão *homem* seja "animal bípede" e não seja "animal bípede" ao mesmo tempo.

Essa prova do princípio da não contradição empreendida por Aristóteles é fascinante. Ela foi estruturada conforme uma lógica consistente. O pensador grego precisava compreender com rigor as noções filosóficas e lógicas elementares para conseguir provar o princípio mais básico de todos. Quando o pensador identifica com precisão a argumentação demonstrativa e a argumentação dialética, ele consegue encontrar um modo de provar muitas coisas que até então os filósofos sofriam para resolver e sem muito sucesso. O princípio da não contradição foi uma delas. Essa façanha deu um impulso gigantesco à atividade filosófica, pois a filosofia, como vimos no início desta seção, caracteriza-se pelo estudo de problemas com respostas em aberto e contestadas. Especificamente no caso da prova do princípio da não contradição, com o domínio do aparato lógico necessário, Aristóteles conseguiu, de maneira surpreendente, contra-argumentar o interlocutor mais radical que pode existir: aquele que nega sua própria racionalidade. Isso não é fácil, pois quase não há pontos de concordância num debate com esse indivíduo a não ser um: que uma expressão tem que ter conteúdo determinado. Só havia um alvo. E Aristóteles acertou.

1.4
O sentido original do ser

A importância do princípio da não contradição para a questão da substância dos objetos físicos é fundamental. A ausência desse recurso elimina a noção de essência:

> Os que afirmam isso eliminam a substância e a essência, pois eles devem dizer que todos os atributos são acidentais, e que não há um significado determinado para "homem" ou "animal". Pois, se há um significado determinado para "homem", não

pode significar aquilo que não é "homem" ou aquilo que define "homem" (são as duas negações de "homem"). (*Metafísica*, livro IV, capítulo 4)

Os editores de *Metafísica* provavelmente tinham em mente essa passagem ao colocar o capítulo sobre o princípio da não contradição entre o anúncio da existência da ciência do ser, no início do livro IV, e os capítulos que investigam a substância e a essência, nos livros VII e VIII. Na citação anterior, Aristóteles estabelece a relação entre o princípio da não contradição e o conceito de *substância*.

Na situação em que os significados das coisas são acidentais, não há expressões com significado nem conceitos substanciais. Em Aristóteles, o conceito de *substância* significa a característica que uma coisa não pode deixar de ter para ser o que é. Ser da cor branca não é a característica substancial do ser humano, porque ele pode deixar de ter essa característica para ser o que é, pois existem seres humanos de outra cor. Já a racionalidade é a característica substancial do ser humano, porque ele não pode deixar de ter essa característica para ser o que é. Do mesmo modo que uma expressão supõe um conteúdo determinado, a substância supõe uma característica determinada. E a característica substancial, por sua vez, supõe um conteúdo determinado, pois a determinação é garantida pelo princípio da não contradição.

Para verificar que essa suposição é verdadeira, basta conceber o conceito de *substância* sem pressupor o princípio da não contradição. Se as expressões que compõem o conceito não têm conteúdo determinado, ser racional deixa de ter um conteúdo determinado. Assim, ela não pode ser a característica que o ser humano não pode deixar de ter para ser o que é. Não é possível que a substância do ser humano seja a não substância.

O conceito de *substância* está garantido. Podemos, agora, com mais subsídios conceituais, refazer a pergunta que ficou por responder ainda em *Física*: "**Qual é a substância dos objetos físicos: a matéria ou a forma?**".

A matéria tem, a seu favor, a ideia de que ela é anterior à forma. Alguns pensadores acreditavam nisso em razão de a matéria persistir por meio da mudança. Para esses filósofos, ao desmontar uma mesa, a matéria permanece, e a forma, não. Assim, concluíram que a matéria deve ser a substância. A base desse argumento materialista é a ideia de que a substância é aquilo que persiste nos processos de mudança.

Ainda em *Física*, essa ideia foi questionada. Aristóteles apontou o problema de conceber algo com uma natureza própria mesmo não tendo ainda uma forma:

> *quando algo é cama apenas em potência e ainda não tem a forma da cama, não dizemos que foi feito com uso de técnicas ou que é produto da técnica, e o mesmo vale para o que é constituído pela natureza. A carne ou o osso em potência não têm ainda sua natureza própria e não existe por natureza até que adquira a forma especificada em suas definições para definirmos o que é a carne ou o osso[*]*. (*Física*, livro II, capítulo 1)

A cama não pode ainda ser considerada como tal quando ainda são pedaços de madeira. É verdade que há situações em que dizemos que os pedaços de madeira são uma cama. Vejamos um exemplo: ao visitar a marcenaria do pai, o menino ouve: "Sua cama já chegou, está ali no canto". Quando o menino olha para o canto, só vê pedaços de madeira. Na verdade, os pedaços que serão utilizados como matéria-prima da cama tinham acabado de chegar da serraria. Em última análise, o pai disse que aqueles pedaços de madeira são uma cama em potência, não

---

* Essa é uma tradução livre com base no texto original em grego (edição de Ross de Aristotle, 1950) e nas seguintes traduções: Angioni (2009), Hardie e Gaye (1952b), Waterfield (2008) e Wicksteed e Cornford (1929).

uma cama efetivamente. Os pedaços de madeira serão uma cama de fato quando tiverem a forma de uma cama.

Aristóteles descarta a ideia de que substância é a característica que sobra por último em existência. Se a substância da cama é a madeira, considerando que a madeira é a última característica a deixar de existir, não se pode determinar o que é aquilo que o pai apontou (seriam pedaços de madeira ou uma cama?). Pode também ser uma mesa ou uma casa. No fim das contas, essa concepção de *substância* designaria uma coisa desprovida de qualquer característica. Isso é incompatível com a ideia de *substância* como aquilo que é responsável pela determinação de algo. É por isso que Aristóteles diz que é impossível que a matéria seja considerada a substância:

> *para os que veem as coisas a partir dessas considerações, segue-se que a matéria é a substância. Mas isso é impossível. O que é independente e distinto parece ser mais próprio da substância. Consequentemente, a forma e o conjunto de matéria e forma parecem mais substância do que a matéria.* (*Metafísica*, livro VII, capítulo 3)

A substância, conforme Aristóteles, diz respeito a algo independente e distinto. Com as expressões *independente* e *distinto*, Aristóteles procurou demarcar, com maior precisão, o tipo de coisa que a substância deve ser. A matéria em si mesma não pode ser independente e distinta. Ela tem que poder ser independente de outras características e distinta daquilo que a acompanha. Para mostrar isso com mais clareza, Aristóteles faz uma analogia com a sílaba *ba*:

> *a sílaba não são as letras, pois o "BA" não é o mesmo que B e A, nem a carne é o mesmo que fogo e terra. Isso porque quando os elementos são separados, a carne e a sílaba não existem mais, enquanto as letras continuam, como também o fogo e a terra. A sílaba é algo mais, não apenas as letras (vogal e consoante), assim como a carne não é apenas o fogo e terra, ou o quente e o frio, mas também algo mais. Se esse*

algo mais tiver que ser também um elemento ou constituído de elementos, sendo elemento, o argumento se repetirá, já que a carne seria constituída deste elemento, de fogo, terra e também de algum outro, prosseguindo ao infinito; e se é constituído de elementos, é evidente que não seria constituído de um só, mas de mais de um, ou seria o próprio elemento, de modo que faríamos o mesmo argumento sobre a carne e a sílaba. (Metafísica, livro VII, capítulo 17)

Aristóteles mostra que o composto é diferente dos elementos que o compõem. O sentido da palavra *via* é diferente da letra *v*, da letra *i* e da letra *a*. Também é diferente do conjunto das letras *a*, *v* e *i*. As letras isoladas ou o conjunto dessas letras não basta por si só para constituir o sentido de *via* porque, com elas, pode-se compor outras coisas diferentes de *via*. Se elas fossem idênticas ao termo *via*, não poderiam ser compostas outras coisas com elas, e elas não poderiam existir sem ser no composto *via*. Portanto, as letras não podem responder pelo composto. Deve existir uma outra coisa responsável por fazer do composto o que ele é. Essa coisa precisa ser independente das letras e distinta destas, caso contrário, essa coisa também pode compor outras coisas e existir sem o composto. Nesse último caso, o raciocínio prossegue sucessivamente, o que é inconcebível.

O mesmo vale para a matéria, que pode compor outras coisas e existir sem o composto. Uma casa não é idêntica aos materiais com os quais ela é feita. Ela não é idêntica a tijolos, cimento, madeira, telhas etc. Tais coisas podem existir sem a casa e podem compor outra coisa. Talvez uma obra de arte. Portanto, a casa não se reduz aos seus materiais, ela tem que ser algo mais. Esse "algo" tem de ser independente de seus materiais e distinto deles; aquilo que faz da casa uma casa. Nesse sentido, esse "algo a mais" é a causa da casa. De acordo com Aristóteles, a causa é a substância, ou seja, o "algo a mais" "é a substância de cada coisa, pois é a causa primeira do ser" (Metafísica, livro VII, capítulo 17).

O que é, então, a substância? Conforme estamos acompanhando, a substância não pode ser a matéria. A matéria não faz algo ser o que é, assim como o composto de matéria e forma. A própria casa, um exemplo de algo composto, não pode ser responsável pela casa ser o que é, pois a matéria passaria a ser corresponsável. Mas a matéria já foi descartada. Portanto, dos três candidatos, por exclusão, a forma deve ser a substância. A forma é a responsável por algo ser o que é.

De modo geral, forma é a configuração de uma coisa. Ao estabelecer a forma como causa primeira e substância, Aristóteles ajusta o significado de forma. Nesse sentido, *forma* é um princípio organizador das coisas. O trabalho metafísico de Aristóteles até aqui, em resumo, rejeitou que a matéria possa ser considerada substância. É a forma que cumpre os requisitos para ser qualificada como substância.

O filósofo considerou um problema importante na concepção materialista. Se tudo o que existe for apenas porções de matéria, não haveria possibilidade de existir coisas diferentes. É preciso conceber que as coisas são compostas por um *princípio organizador*. Caso contrário, qualquer tentativa de explicar a causa das coisas cairia num círculo vicioso. A matéria seria a causa da matéria.

De acordo com Aristóteles, o que levou muitos filósofos de sua época a concluírem que a matéria era a substância foi a incompreensão sobre o fato de uma mesma coisa ora ter uma qualidade, ora ter outra. Uma pessoa que tem cabelos pretos hoje pode ter cabelos brancos na velhice. A água pode agora ser fria e depois ser quente. Uma árvore pode amanhã ser transformada numa canoa. Quando os filósofos procuram entender isso, eles estão à procura de um princípio organizador. E esse princípio é impossível de se efetivar tendo como causa a matéria.

A razão é que buscam uma definição que unifica e diferencia potencialidade e atualidade. Mas, como foi dito, a matéria última e a forma são um e o mesmo, uma em potência e a outra em ato. No fim das contas, é como buscar qual é a causa da unidade e qual é causa de algo ser um. Pois cada coisa é una, e aquilo que é em potência e aquilo que é em ato são algo uno, de modo que não há outra causa [...]. (Metafísica, livro VIII, capítulo 6)

Em última análise, o que Aristóteles explica é que não há como separar as causas das coisas compostas. Não existe uma causa externa que faz a matéria adquirir forma. É a própria forma a responsável por isso. Sinal disso é que se a casa for destruída, deixando de ser uma casa, a forma desaparece conjuntamente. O mesmo não acontece com a matéria, pois ela continua a existir. Em razão disso, Aristóteles então conclui que a forma é a causa primeira da casa, é a substância da casa.

Para finalizar, vale destacarmos que Aristóteles, movido pela força dos argumentos que desenvolveu, percebeu que a pergunta sobre o sentido principal do ser, que tinha formulado no livro IV da *Metafísica*, na verdade dizia respeito mais precisamente à essência, de modo que o sentido principal do ser, a substância do ser, é o mesmo que a essência do ser.

Síntese

Neste capítulo, tomamos conhecimento da parte central da metafísica de Aristóteles. Explicamos que sua teoria tem como objetivo responder à pergunta sobre a substância do ser. Isso compreende saber tanto **o que** é a substância quanto saber **qual** é a substância (a matéria ou a forma?). A primeira tentativa se deu no âmago da exposição da nova ciência, a ciência do ser. Nessa ocasião, Aristóteles propôs uma nova unidade conceitual que possibilitaria uma ciência do ser. Uma unidade que relacionaria os diferentes sentidos de *ser* sob a referência do sentido original. Aqui, acompanhamos também a sofisticada prova do princípio da não contradição. Aristóteles provou que não é possível sequer se enganar sobre tal princípio. Apenas seres não racionais podem se enganar sobre ele, pois qualquer discurso, mesmo um simples nomear, pressupõe o princípio. Na última parte, vimos Aristóteles estabelecer que a forma é a substância do ser. Depois de analisar o verdadeiro significado de *substância*, Aristóteles rejeitou a matéria e o composto de matéria e forma como substância do ser. O único candidato apto a ser qualificado como substância é a forma, uma vez que ela é aquilo que faz uma coisa ser o que é.

Indicações culturais

Filme

A ROSA púrpura do Cairo. Direção: Woody Allen. EUA: Orion Pictures, 1985. 82 min.

O filme conta a história de uma mulher que tem de escolher entre dois amores. Um deles é o ator que interpreta o seu personagem favorito no filme que ela assiste todos os dias. O outro é o próprio personagem que sai do filme pela tela para conquistá-la. A protagonista então se vê no dilema de escolher um dos dois tipos de seres: um é real e o outro é cinematográfico. Esse dilema ilustra o tipo de questão que a metafísica investiga em relação à estrutura da realidade. Mais especificamente: o que é mais importante realmente sobre a constituição do mundo?

Vídeo

ARISTÓTELES e o mundo da razão. **Programa Globo Ciência**. Produção: Brasil. Disponível em: <http://globotv.globo.com/rede-globo/globo-ciencia/v/aristoteles-e-o-mundo-da-razao-integra/1654971>. Acesso em: 9 ago. 2015.

O programa desenvolve uma visão geral do trabalho filosófico e científico de Aristóteles. Além disso, conta com entrevistas de estudiosos das obras do filósofo.

Atividades de autoavaliação

1. Qual foi o nome mais usado por Aristóteles para designar a metafísica?

   a) Ciência do ser.

   b) Episteme.

   c) Filosofia primeira.

   d) Teologia.

2. De acordo com Aristóteles, os objetos físicos são compostos de:

   a) átomos.

   b) quente e frio.

   c) amor e ódio.

   d) matéria e forma.

3. Qual questão está na origem do problema metafísico em Aristóteles?

a) "A essência das coisas é a matéria ou a forma?"

b) "Há mais de 10 tipos de seres?"

c) "Há movimento?"

d) "As formas platônicas são uma realidade?"

4. O que é um conceito básico?

a) Um conceito simples.

b) Um conceito que não é fundamentado por um conceito anterior.

c) Um conceito explícito.

d) Um conceito ostensivo.

5. O princípio da não contradição diz que:

a) só há dois valores de verdade.

b) para toda proposição, é verdade que p ou não p.

c) uma coisa é igual a ela mesma.

d) é impossível algo pertencer e não pertencer à mesma coisa, ao mesmo tempo e sobre o mesmo aspecto.

6. Aristóteles não pode provar o princípio de não contradição com argumento demonstrativo porque:

a) incorreria em petição de princípio.

b) apelaria à autoridade.

c) faria uma falsa analogia.

d) tomaria o efeito pela causa.

7. Qual é a essência dos objetos físicos para Aristóteles?

a) O composto de matéria e forma.

b) A matéria.

c) O pensamento sobre eles.

d) A forma.

8. Em termos gerais, qual é a função de uma essência?

 a) Ampliar.

 b) Individualizar.

 c) Descrever.

 d) Reduzir.

9. O composto não é idêntico a seus elementos porque:

 a) o composto é posterior.

 b) os elementos não existem sem o composto.

 c) os elementos não são responsáveis pelo composto ser o que é.

 d) o composto existe sem os elementos.

10. A forma é a causa:

 a) única das coisas.

 b) que faz algo mais importante que seus elementos.

 c) material dos compostos.

 d) que faz algo ser o que é.

Atividades de aprendizagem

Questões para reflexão

1. Aristóteles julga ter descoberto um novo tipo de unidade. A que unidade o filósofo se refere?

2. Quais são as duas condições que fazem de um conceito que as satisfaz o conceito mais básico de todos?

3. O que significa o conceito de *essência* em Aristóteles?

4. Por que Aristóteles rejeita a ideia de que a matéria é a essência das coisas?

5. Por que a forma é anterior à matéria?

Atividade aplicada: prática

1. Para Aristóteles, a substância se refere àquilo que é o mais fundamental. Sua posição sobre esse assunto baseia-se na ideia de que a substância de algo deve ser independente e distinta. De acordo com o filósofo, se não for assim, podemos cair no erro de pensar que aquilo que é mais fundamental, na verdade, não é o mais fundamental. Por exemplo: pensar erradamente que a matéria é o mais fundamental. Nesse contexto, pesquise uma posição filosófica que critica a tese de que a substância de algo deve ser independente e distinta e procure explicar o porquê.

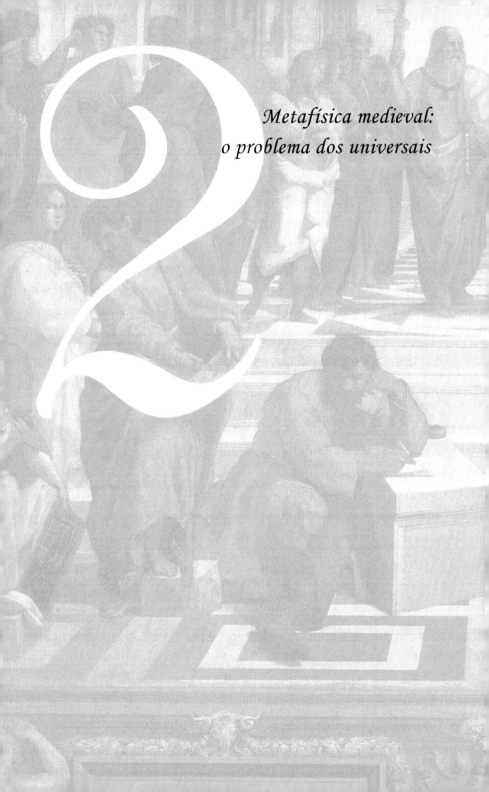

2
Metafísica medieval: o problema dos universais

Este capítulo está organizado da seguinte forma: primeiramente, vamos estudar as bases históricas do problema com a formulação da teoria das ideias ou das formas de Platão (428 a.C.-348 a.C.) e sua famosa discussão com Aristóteles sobre a disputa acerca da existência independente das formas puras; em seguida, apresentaremos uma abordagem geral do debate sobre os universais, além de aprender em que consiste o realismo e o nominalismo, as duas maiores doutrinas que travam a disputa que formam o debate. Na sequência, demonstraremos a teoria da abstração de Santo Tomás de Aquino (1225-1274), que consiste em sua visão sobre os universais e na sua solução para o problema de se dizer de muitos ou existir em muitos.

Quão embaraçosa pode parecer a pergunta: **"Como algo pode se dizer de muitos e existir em muitos?"**. Essa é a questão principal acerca do problema dos universais, que, em um sentido pré-filosófico, podem ser entendidos como aquilo que nós predicamos dos objetos, como quando dizemos que alguns homens são justos, alguns animais são mamíferos ou que alguns objetos apresentam uma forma circular. Contudo, existem essas coisas, tais como a justiça, a propriedade de ser um mamífero ou a forma circular? Se elas existem, existem separadas das coisas às quais as relacionamos? Ou, caso não existam, como explicamos a verdade destes enunciados: "João é justo", "golfinhos são mamíferos" e "algumas formas são circulares"?

O problema dos universais, em geral, consiste em um conjunto de debates históricos e conceitualmente relacionados, que envolvem assuntos conectados de diferentes áreas da filosofia. Isso inclui, além de questões metafísicas, questões lógicas e epistemológicas, teoria do conhecimento, linguagem e todas as áreas envolvidas na questão da possibilidade da cognição universal sobre termos gerais, e da existência daquilo que designamos *triângulo, humanidade, vermelho* etc. Por exemplo: como podemos saber se aquilo que designamos como *teorema de Pitágoras* pode ser aplicado universalmente para triângulos possíveis? Como podemos ter ciência de uma potencial infinidade de todos os triângulos possíveis, uma vez que só podemos ver uma pequena parcela finita dos triângulos atuais? Há alguma coisa comum a todos os triângulos que é significada pela palavra *triângulo*? E se existe tal coisa, que coisa é essa e como ela se relaciona aos triângulos particulares? É importante termos em mente que o problema dos universais é uma retomada de problemas já muitos discutidos e debatidos na filosofia antiga, pelo menos desde Platão, com sua teoria das ideias (ou das formas).

2.1
Teoria das ideias de Platão

O *problema dos* universais está intrinsecamente conectado ao argumento das formas de Platão, pois foi ele quem efetivamente argumentou, de modo positivo, pela primeira vez na história da filosofia (Platão, 2003), sobre a existência de formas puras imutáveis que correspondiam, podemos assim dizer, à referência de termos gerais como *vermelho, triângulo, bem e justiça*. Mas foi especificamente considerando sobre como somos capazes de ter acesso às ideias das formas geométricas – como círculos, triângulos e quadrados – que Platão desenvolveu seu argumento para a existência de formas perfeitas e imutáveis que têm uma existência independente das coisas que existem ao nosso redor, imperfeitas e mutáveis. Mas não apenas isso, ou seja, como temos acesso à forma de um círculo perfeito, um triângulo perfeito, sendo que na realidade não há qualquer exemplo de um triângulo perfeito ou círculo perfeito, apenas exemplares imperfeitos? Mesmo que vejamos um círculo de vidro ou metal ou qualquer material que pareça muito próximo da "perfeição", se observarmos mais de perto, com um microscópio talvez, veremos que sempre haverá imperfeições. Sendo assim, de onde surgiram essas ideias, já que não temos acesso a elas na experiência? Nesse sentido, o foco da atenção de Platão se voltou primeiramente para o nosso conhecimento dos objetos da matemática e, em seguida, da arte como o "belo", da ética como o justo, da moral como o bem.

A disciplina inicial do conhecimento humano que orientou os homens a construir as primeiras grandes civilizações e a buscar novos conhecimentos foi a matemática. Essa área do conhecimento também teve grande influência no surgimento da filosofia, que nasceu com o propósito de dar respostas a problemas cuja formulação dependia, em grande medida, de um grau de rigor e sistematicidade presentes apenas, e até então, na matemática. Assim também foi com a lógica.

Uma das primeiras disciplinas da matemática desenvolvidas pelos egípcios foi a geometria – o estudo das relações matemáticas entre as formas geométricas –, área cujo estudo só cresce e se desenvolve. Mas como explicar o nosso conhecimento dessas formas? Será que elas têm uma existência independente? O que há em comum entre vários triângulos, entre vários círculos? Existe algo em alguma instância do real em que não há "um", mas "o" triângulo ideal, perfeito e imutável? A existência das formas é o coração da filosofia de Platão, ainda que, para muitos filósofos (céticos e empiristas, principalmente), elas sejam criaturas certamente estranhas. A resposta de Platão é "sim, há tais formas perfeitas". Mas vejamos mais de perto suas razões para sustentar tal posição.

Para Platão, assim como para Heráclito, tudo está em constante movimento. Todos os objetos existentes, todas as coisas ao nosso redor estão em contínua mudança e jamais permanecem o que são. Sendo assim, como é possível que compreendamos alguma coisa? Como podemos saber o que algo é se todas as coisas, a todo instante, deixam de ser? Sempre que compreendemos o que algo é, no instante seguinte aquilo já deixou de ser, portanto aquilo que apreendemos simplesmente escapa de nossas mãos. Por exemplo: se compreendemos algo sobre um objeto A, no instante seguinte ele já se tornou um objeto B, então o que temos em mente já é algo diferente do que a coisa é, pois ela está sempre em constante mudança. Desse modo, parece ser um problema podermos conhecer algo devido à constante mudança a qual todas as coisas estão condicionadas. Sendo assim, o que pode fundamentar a possibilidade do nosso conhecimento diante dessa absoluta inconstância característica das coisas?

O ponto é: para conhecermos alguma coisa, precisamos conhecer algo que não muda, que sempre permanece o que é. Apenas tal coisa pode ser conhecida. Nesse ponto, Platão concorda com Parmênides: deve haver algo real, em algum confim da existência, em algum lugar do ser, em que haja tais coisas imutáveis, reais, que expliquem o nosso conhecimento. Desde que tais coisas (imutáveis) não existam no mundo que conhecemos, o mundo material – ou sublunar, que é onde residem as formas imperfeitas –, elas devem existir e constituir uma dimensão não espacial. Essas entidades imutáveis, não materiais e não espaciais são o que Platão chama de *ideias* ou *formas*. Devemos tomar cuidado em não confundir a ordem da explicação de Platão: não são as formas que existem porque o conhecimento existe, mas sim o contrário. As formas não são meros recursos metodológicos na explicação do conhecimento: elas são a razão sem a qual o conhecimento não seria possível. Se não entendêssemos isso, poderíamos pensar que o argumento de Platão é epistêmico, ou seja, que o argumento dele diz respeito apenas aos elementos responsáveis pela cognição humana, crenças e aquilo que sabemos. No entanto, seu argumento é ontológico: é um argumento relativo ao que existe.

Platão reconhece que o mundo em que vivemos é apenas um mundo de aparências: essas coisas no mundo ao nosso redor fazem remissão às entidades perfeitas que são as formas. Estas existem em sua plenitude, completas, acabadas, inalteráveis e imutáveis. Já os objetos no mundo apenas espelham essas formas, participam em alguma medida da sua perfeição. Se vemos um objeto material cuja forma se aproxima à de um triângulo ou um círculo, é basicamente porque esse objeto "participa" em alguma medida ou "exibe" de certa maneira elementos pertencentes à forma círculo. Mas esse objeto de forma circular que encontramos não é um círculo ideal, nem poderia sê-lo. Esse objeto é perecível em razão de sua natureza mutável e à ação do tempo. Ele pode perder ou adquirir mais elementos que vão aproximá-lo ou afastá-lo do círculo ideal. Aqui está outra grande característica importante da relação entre os objetos e as formas: como vimos, os objetos são imperfeitos, perecíveis e mutáveis, e as formas perfeitas, eternas e imutáveis (pois algo pode ser eterno, mas ainda sim mutável – as formas platônicas são eternas e imutáveis). Assim, há uma escala de acordo com a qual os objetos pertencentes ao mundo sensível podem se aproximar das formas, indo daqueles que menos se aproximam até aqueles que mais se aproximam. Essa é uma ideia que viria desempenhar um papel importante na concepção da relação entre os homens e o Ser divino (Deus).

Um capítulo importante que teve uma enorme influência na história da discussão medieval sobre os universais consiste na rejeição pontual de Aristóteles à teoria platônica, pois, apesar de o pensador macedônico aceitar os universais, ele se recusava a tomá-los no sentido de que sua existência se dava de modo independente dos objetos sensíveis. Em outras palavras, o filósofo rejeitava a ideia de que as formas e as essências tinham uma existência independente e separada dos objetos materiais, e principalmente de que o mundo em que vivemos é um mundo meramente de aparências. Existe uma grande discussão na história da filosofia sobre a principal razão que fez Aristóteles negar a teoria de seu professor. No entanto, a despeito das diferenças nas teorias de Platão e Aristóteles, alguns dos filósofos medievais mais importantes, considerados neoplatônicos – por defenderem teorias com traços essencialmente platônicos –, como Santo Agostinho (354 d.C.-430 d.C.) e Boécio (480 d.C.-524 d.C.), aceitavam ambas as explicações de Platão e Aristóteles não como concorrentes, mas como complementares. Havia uma concordância básica: os pensadores citados creditavam a Aristóteles a explicação correta acerca de como a mente humana adquire os conceitos universais dos objetos particulares da experiência, e a Platão creditavam a explicação sobre como as características universais das coisas particulares são estabelecidas e modeladas com base em seus arquétipos universais. De qualquer modo, todos esses conceitos universais (características universais das coisas singulares) e seus exemplares são expressos e significados por meio de sinais ou conceitos considerados *expressões universais*. Por exemplo: o termo *homem*, em português, é um termo universal porque é predicável de todos os homens em um único sentido e oposto ao termo singular *Sócrates*, que é aplicável (não equivocamente) a um único homem.

Dependendo da maneira como se considera o que é primário ao discurso envolvendo universais – se as formas abstratas, as entidades existentes as quais os conceitos nomeiam, ou simplesmente os nomes ou as expressões linguísticas –, os filósofos são classificados como **realistas** ou **nominalistas**. Essa distinção dura até os dias de hoje e divide a opinião em discussões metafísicas de alto nível. Em geral, os filósofos considerados realistas creem na existência independente dos universais (nesta obra, vamos estudar as ideias de um dos principais filósofos defensores do realismo dos universais: Santo Tomás de Aquino). Essa existência independe da mente humana que as apreende ou do discurso linguístico que as caracteriza. Para Platão, os universais existem no mundo das ideias. Já para boa parte dos filósofos medievais, os universais são também ideias, porém, na mente de Deus. Os filósofos considerados nominalistas defendem um tipo de ceticismo em relação à ideia de que há entidades abstratas que estão fora do tempo e do espaço e que correspondem à referência de expressões universais. Para eles, não existem tais coisas, apenas as expressões ou os nomes que as designam. Um nome importante entre os defensores do nominalismo é, sem dúvida, Guilherme de Ockham (1285-1347), que criticou contundentemente a teoria realista dos universais.

2.2
Realismo e nominalismo

Os objetos sobre os quais falamos e pensamos podem ser classificados de inúmeros modos diferentes. Nós os categorizamos pela sua cor (amarelos, vermelhos, azuis), pela sua forma (redondos, quadrados, retangulares) e também pela sua espécie (elefantes, lobos, peixes). A maneira como classificamos e separamos as coisas reflete um componente essencial das nossas experiências no mundo. Quando separamos certos indivíduos em aquáticos e terrestres, não o fazemos simplesmente porque queremos que seja assim ou por causa de algum fator voluntário da nossa parte. Embora algumas pessoas possam pensar que o nosso modo de classificar – ao menos certas coisas na realidade – possa ter alguma interferência de nossos interesses e dos valores com base nos quais nos orientamos, poucos irão negar que a maior parte dessas classificações se orienta pelos próprios objetos. Em outras palavras, nós não decidimos chamar as coisas de *triangulares*, *quadradas* ou *circulares*; elas são triangulares, quadradas e circulares, não é uma mera consequência do pensamento humano ou da linguagem que haja coisas triangulares, quadradas e circulares. Essas faculdades apenas refletem essas semelhanças e características em comum preexistentes na realidade.

Há, então, similaridades objetivas entre as coisas, que são anteriores às nossas classificações e primárias ao modo como as classificamos. E nós só classificamos as coisas dessa forma porque elas se assemelham e concordam em suas características, formas e atributos. Diferentemente do que você possa estar pensando agora, esse não é um truísmo filosófico, a ideia de que as coisas se assemelham em virtude das características objetivas precedentes aos nossos juízos. Essa é uma ideia pré-filosófica. Nós acreditamos antes de conhecer qualquer teoria filosófica que as coisas se assemelham, seja em sua cor, seja em seu tamanho, seja em qualquer aspecto, e nós não supomos que a cor, o tamanho ou qualquer outra particularidade de um objeto é assim porque nós desejamos. Se vemos um objeto vermelho, é uma concepção comum entre as pessoas de que o vermelho do objeto não é produzido pelos nossos sentidos, não está nos nossos olhos. No entanto, o que compete à filosofia é dizer, de modo geral, para qualquer característica ou propriedade das coisas, se elas são entidades realmente existentes, isto é, o que as expressões que designam tais propriedades como "vermelho", "mais alto que" ou "justiça" estão nomeando. Qual é a natureza da predicação e dos atributos? Suponha que os objetos concordem em certo atributo: todos são amarelos. Há algum fato mais básico ou fundamental de acordo com o qual esses objetos sejam amarelos? Se de fato existe, é possível generalizar esse caso para os demais?

Uma resposta afirmativa a essa questão foi dada por Platão em *Parmênides*, diálogo no qual o pensador diz que existem certas formas das quais outras coisas participam e, assim, são chamadas por esses nomes. Participando da grandeza, da justiça e da bondade, algumas coisas são grandes, outras são justas e outras são boas, e é assim que nós as chamamos. O que Platão propõe é uma teoria geral para a explicação do motivo pelo qual as coisas concordam em seus atributos, e a explicação é que as coisas são semelhantes porque participam da mesma forma.

Depois de Platão, outros filósofos concordam que há certas formas que explicam a semelhança entre as coisas e usam ainda outras relações que não a de participação empregada por Platão: para eles, um objeto que é vermelho, por exemplo, não participa da forma "vermelho", mas instancia, exibe ou exemplifica a propriedade ou a forma "vermelho". Embora essas explicações sejam diferentes ou apresentem relações distintas para explicar a semelhança entre as coisas, todas elas concordam em essência com o esclarecimento que Platão propõe: diferentes coisas são qualificadas ou caracterizadas de algum modo em virtude de ter relação com uma qualidade ou forma em questão. Os filósofos que endossam o esquema platônico são geralmente chamados de *realistas metafísicos* ou simplesmente *realistas*.

No entanto, enquanto muitos filósofos defendem uma explicação da concordância de atributos em termos realistas, outros atacam esse modelo de explicação, os quais são chamados de *nominalistas*. Estes argumentam que existem profundos problemas implicados pelo modelo de explicação do esquema platônico. Alguns nominalistas tomam esses problemas como uma razão suficiente para buscar outro modelo essencialmente diferente para a explicação teórica da concordância de atributos. Em geral, eles buscam uma explicação que não faça referência a propriedades comuns compartilhadas. A despeito de quem tem razão nessa disputa, o que vemos é que o debate entre realistas metafísicos e nominalistas é, talvez, um dos mais antigos da história da filosofia.

2.3
A teoria da abstração de Santo Tomás de Aquino

Santo Tomás de Aquino foi um frade italiano da Ordem dos Pregadores (dominicanos), cujas obras tiveram grande impacto na teologia e na filosofia, principalmente na tradição denominada *escolástica*. Por isso, o religioso é conhecido como *Doctor Angelicus*. Aquino é uma referência ao condado de Aquino, uma região que foi propriedade de sua família até 1137.

Tomás foi um fiel seguidor da filosofia de Aristóteles, especialmente de suas ideias metafísicas, o que engloba um conjunto amplo de teses como: a análise dos corpos materiais em termos de matéria e forma; a análise da mudança em termos da recepção de sucessivas formas diferentes pelo mesmo corpo; e a análise do princípio de individuação em termos de matéria, ou seja, se dois objetos forem semelhantes em todos os seus aspectos possíveis, então esses dois objetos não irão diferir em sua forma, mas permanecerão ainda dois objetos distintos, e não o mesmo, porque são duas porções distintas de matéria.

No tocante ao problema central deste capítulo – o problema dos universais – cabe destacarmos que, assim como Aristóteles, Aquino desenvolve sua teoria no interior de uma discussão sobre a mente e o intelecto humano apresentada em três textos principais: o capítulo 2 do tratado *De Ente et Essentia*, o art. 3º da questão 5 do *Super Boetium de Trinitate*, e o art. 1 da questão 85 da *Summa Theologiae*. De acordo com Kenny (1999, p. 210), para o frade italiano, "o intelecto que distingue os seres humanos dos outros animais pode ser entendido [...] como a capacidade para pensar aqueles pensamentos próprios e exclusivos dos utilizadores da linguagem". Portanto, para Tomás de Aquino, o entendimento é uma atividade individual da alma humana. E é importante que seja uma atividade individual, pois o santo nega que o intelecto humano seja concebido de modo a partilhar do intelecto Divino, isto é, de Deus.

Dessa forma, não se distanciando da tradição aristotélica, Aquino distinguiu o intelecto em **ativo** e **receptivo**. O primeiro nada mais é do que a capacidade humana de conceber ideias universais e, por meio delas, atingir verdades necessárias, e o segundo consiste na capacidade de guardar ou armazenar as ideias e os conhecimentos adquiridos. Sendo assim, para o teólogo, o intelecto adquire seus conceitos por meio da reflexão sobre a experiência sensorial. O conhecimento se inicia com esse processo: nós não temos ideias inatas com base nas quais as experiências do mundo exterior são organizadas e a partir das quais o conhecimento se forma; é por meio da experiência que se dá a aquisição dos conceitos do entendimento. Apesar de ser necessariamente por intermédio da experiência que obtemos os conceitos do entendimento, ela não é suficiente para explicar como isso ocorre, porque não temos acesso aos conceitos que fazem referência aos universais, ou seja, às formas puras e imutáveis platônicas. Por isso, precisamos de uma capacidade especial para conceber conceitos e obter esses universais.

Excluída a concepção platônica dos universais como entidades "separadas" do mundo sensível e pertencentes apenas ao mundo inteligível, que, por sua vez, é perfeito e imutável (lembre-se de que Tomás é um fiel seguidor da concepção aristotélica das formas), o problema é explicar as relações de *dizer de muitos* e *existir em muitos*. De acordo com Landim Filho (2008, p. 11): "ou bem os universais seriam apenas predicados, só existiriam na mente, e nada existiria de comum entre as coisas existentes fora da mente, ou dizer o mesmo de muitos se apoiaria na existência de algo comum e imanente a muito".

No entanto, de acordo com Klima (2013), Boécio apontou que aceitar essa disjunção de que ou os universais ou as formas existem na realidade ou elas só podem existir na mente consiste em um **dilema**, uma situação em que há duas escolhas, as quais não podem ser aceitas ao mesmo tempo, e cada uma apresenta um problema aparentemente insolúvel. Dessa forma, Boécio mostra que, se assumirmos que os universais são reais, nós nos defrontaremos com o problema de que nada na realidade pode ser um universal, pois, de acordo com ele, um universal deve: 1) existir inteiramente, e não em partes, ou seja, ele é uma forma pura e, portanto, não pode ser dividido; 2) existir simultaneamente em diversos universais, e não apenas por meio de uma sucessão temporal, isto é, em um objeto de cada vez; 3) constituir a substância de seus particulares (Boécio, citado por Klima, 2013).

Em contrapartida, se aceitarmos que os universais só existem na mente, teremos outro problema praticamente insuperável: não somos capazes de explicar a objetividade do conhecimento humano. Este, para ser conhecimento de fato, isto é, uma crença em uma proposição verdadeira e justificada, deve ser formado com base em uma representação fiel das coisas como elas são no mundo. Assim, para que possamos ter um conhecimento objetivo sobre o mundo, o intelecto deve ser capaz de representá-lo de maneira que essa representação corresponda aos fatos na realidade. Por exemplo: "Sócrates é grego" é uma proposição que envolve Sócrates e o universal expresso por meio da propriedade de ser grego. Desse modo, a proposição "Sócrates é grego" é verdadeira apenas se o intelecto representa adequadamente as coisas como elas existem na realidade. É justamente esse o problema, pois se os universais existem apenas na mente, o universal "ser grego" também só vai existir na mente, então não há nada na realidade para o predicado "ser grego" representar. Assim, não há, por parte do intelecto, uma representação fiel das coisas, pois o universal só existe na mente, não nas coisas, e o conhecimento humano seria prejudicado por esse "algo a mais" que existe apenas na mente, e não na realidade.

A solução dada por Boécio – e, posteriormente, por Tomás de Aquino – para esse dilema consiste em tentar mostrar que a abstração é um processo infalível, e todo conhecimento das ideias obtidas por abstração nunca pode ser falso. Para Boécio, não pode haver falsidade na abstração, pois o processo de apreensão do universal é direto, não há intervenção do intelecto. Apreendemos diretamente o universal "vermelho" quando estamos diante de algo que exiba tal cor. Dessa forma, toda propriedade apreendida pelo intelecto por meio do processo de abstração deve ser verdadeira e, assim, deve corresponder a algo na realidade.

O filósofo usa o exemplo da linha para ilustrar sua concepção sobre os universais. A linha que é abstraída de algum objeto pelo intelecto já existe naquele objeto (note que Boécio segue Aristóteles ao dizer sempre que determinada propriedade existe apenas nos objetos ou em algum objeto, e não independentemente dele). Portanto, a linha é uma realidade existente nas coisas, mas que não existe apenas no objeto referido – ela é uma realidade existente em vários corpos. Do mesmo modo, podemos abstrair de João, José e Pedro a ideia de homem, mas não apenas deles, pois *homem* é uma ideia comum a vários indivíduos. Assim, Boécio consegue dar conta do dilema aparentemente insolúvel da existência dos universais como entidades na mente e fora dela. Elas são realidades constituintes das formas das coisas, mas que são apreendidas pelo intelecto mediante a abstração feita dos objetos no mundo.

Mas resta um problema ainda mais sério, que é justamente aquele sobre o qual Tomás de Aquino se debruçou em sua defesa realista dos universais: o problema de se *dizer de muitos* ou *existir em muitos*. Um universal é comumente definido como aquilo que "existe em muitos" ou que é "dito sobre muitos" (muitos objetos). Por exemplo: é de concordância geral que a forma triangular de um triângulo isósceles é a mesma forma triangular de todos os demais polígonos dessa categoria. A carga positiva de uma partícula é exatamente a mesma carga positiva de todas as demais partículas que têm cargas positivas. Dessa maneira, como pode ser que algo seja, ao mesmo tempo, um e muitos? Existe a forma da triangularidade, e essa mesma forma está presente em todos os triângulos, ou seja, ela é, ao mesmo tempo, uma (a forma triangular) e muitas (aquilo que está em cada um dos triângulos). O mesmo vale para a carga positiva de uma partícula subatômica, ou para uma cor instanciada por vários objetos, ou um som produzido por dois instrumentos, ou um aroma exalado por dois perfumes. Sendo assim, podemos observar duas características dos universais: é um (uma unidade) e é uma pluralidade, é dito de muitos. Assim, nem mesmo nosso senso filosófico menos crítico poderia permitir a existência de algo de uma natureza que apresenta características conflitantes.

No entanto, a solução apresentada por Aquino, como não poderia deixar de ser, é brilhante em virtude de sua simplicidade e elegância. O filósofo vislumbrou, como poucos pensadores, a natureza e constituição dos universais. A solução do estudioso italiano consiste em separar a essência absolutamente considerada (EAC) e seu modo de existir. Uma essência nada mais é do que um universal; é uma das propriedades de que um objeto pode dispor. No entanto, não é uma mera propriedade de um objeto, mas algo que constitui sua natureza, algo sem o qual aquele objeto não poderia existir. Por exemplo: uma das propriedades que constituem a natureza do ser humano é a racionalidade. Assim, essa é uma propriedade essencial do homem (uma propriedade é dita essencial em contraposição a uma propriedade acidental). Em outras palavras, uma essência é uma propriedade necessária, nenhum objeto poderia ser um homem e não ser, ao menos em potência humana. Sócrates poderia não ter nascido na Grécia, mas não poderia não ter sido racional. Desse modo, ser racional é uma propriedade essencial de Sócrates, e ser grego apenas uma propriedade acidental.

Por um lado, uma EAC consiste na forma pela qual o intelecto apreende um universal, ou seja, no aspecto definicional da essência ou propriedade, da mesma forma que, quando queremos explicar para alguém o que é ser racional, apresentamos certas características das quais consiste a razão. Nesse momento, a tomamos como algo uno, como uma unidade, considerada como uma coisa só. Mas esta, por sua vez, não é uma característica intrínseca dos universais, pois Tomás de Aquino fala que uma EAC não precisa ser nem una, nem múltipla, assim como na essência de "homem" não está determinado se ele é negro ou branco, ou seja, não há nenhum inconveniente em tomar que o universal "homem" não é nem branco, nem não branco. Por outro lado, em relação ao modo de existir de um universal ou essência, ele pode ser uno ou múltiplo, pois é acidental que uma essência, ou um universal, seja uno ou múltiplo como seu modo de existir.

Agora imagine um universal como a espécie de dinossauro Tiranossauro Rex. Em determinado momento da história, houve muitos exemplares dessa espécie. Nesse sentido, como seu modo de existir, o universal é múltiplo, ele é dito de muitos objetos, os muitos espécimes existentes naquele momento da história dos quais é verdadeiro afirmar que são Tiranossauros Rex. Entretanto, para a infelicidade de nossos amigos répteis, eles foram instintos, então em algum ponto da história houve um último espécime de Tiranossauro Rex vivo; nesse caso, ele era o único a quem era possível aplicar com verdade o universal "Tiranossauro Rex". Todos esses eventos, desde o surgimento até a extinção dessa espécie, foram contingentes, ao acaso, acidentais. Desse modo, essa essência é considerada apenas como sua existência, não una e múltipla, ao mesmo tempo, nem necessariamente como uma característica intrínseca sua, mas apenas acidentalmente. E nem é ela, a essência, uma (algo que pode ser contado como um único item, um indivíduo no sentido metafísico), em seu modo específico de ser, mas apenas enquanto é considerada pelo intelecto, quando tentamos apresentá-la e defini-la para alguém.

Portanto, Aquino deixou claro – e assim ficou como um legado para a filosofia posterior – um modo extremamente inteligente e elegante de refutar a ambiguidade da formulação de um universal: ele pode ser tomado como uno enquanto absolutamente considerado, enquanto tomado em seus aspectos definicionais, mas o que não é uma característica própria, assim como ser branco ou não branco, não é uma característica própria do universal "homem". O universal é múltiplo como seu modo de existir, o que também não é necessário, pois esse é apenas um aspecto acidental, podendo existir como múltiplo em certo momento do tempo e como não múltiplo em outro.

2.4
Crítica de Ockham à teoria da abstração de Santo Tomás de Aquino

Guilherme de Ockham nasceu no ano de 1280, na cidade de Ockham, localizada próxima a Londres, que deu nome ao filósofo. Era um nominalista, isto é, não acreditava na existência de entidades abstratas universais, como as essências platônicas ou as formas propostas por Tomás de Aquino. Para o filósofo inglês, existem apenas os nomes ou as expressões que nomeiam essas formas, e não as formas em si.

A recusa das entidades abstratas corresponde ao menos a uma das formas possíveis de caracterizar seu nominalismo, mas isso pode ser feito ainda de duas outras formas que, embora sejam distintas da primeira, enfatizam aspectos relacionados a ela. Assim, outra maneira de caracterizar o nominalismo de Ockham diz respeito à sua recusa a certo tipo de parcimônia ontológica, ou seja, não podemos simplesmente postular novas entidades quando encontramos problemas que impedem o avanço de nossas explicações. A terceira forma é o nominalismo sobre abstrações em geral – aqui precisamos tomar cuidado ao distinguir **abstrações** de **entidades abstratas**, principalmente porque Ockham acredita em abstrações como "humanidade" e "sabedoria", mas não nas supostas entidades abstratas que corresponderiam a esses termos. Essas abstrações são compreendidas pelo filósofo basicamente por referência a conjuntos de indivíduos particulares. Assim, a referência do predicado *humanidade* consiste unicamente nos indivíduos particulares que são seres humanos, e *sabedoria* naqueles indivíduos particulares que são sábios. Portanto, essas expressões são meros nomes para Ockham.

Um famoso conceito concebido à luz de sua doutrina nominalista é aquele que ficou conhecido como *Navalha de Ockham,* fundamentado no *slogan* "não multiplique as entidades sem necessidade"*. Essa multiplicação das entidades, especialmente dos universais em inúmeras categorias epistemológicas**, tem como fim explicar etapas importantes do processo por meio do qual se dá o conhecimento humano. No entanto, o filósofo nominalista observa que essa multiplicação é, na maioria dos casos, excessiva. Alguns filósofos tendem a postular novas entidades "invisíveis", que cumprem um papel importante na explicação das relações causais entre esses objetos, sobretudo na explicação da produção do conhecimento. Ockham repudia essa postura.

Em grande parte, a motivação de Ockham, que sustenta o seu nominalismo, ampara-se em sua posição contra a tese que afirma que só há ciência do universal, como tradicionalmente assumido pela filosofia escolástica até então e, assim – e consequentemente –, só pode existir conhecimento com base no que é universal. No entanto, para o filósofo, é bem diferente: o conhecimento parte do singular e visa ao singular unicamente. Essa inversão fundamentou o que veio a ser o empirismo britânico alguns séculos depois. Ockham, portanto, se distingue, assim como seu professor Duns Escoto, por destacar a importância do conhecimento empírico e da experiência na formação do conhecimento humano. Porém, Guilherme de Ockham não apenas enfatiza a importância dos objetos particulares e da experiência empírica na formação do conhecimento: para o pensador inglês, é daí que surge a essência das operações realizadas pelo intelecto. Diferente de Tomás de Aquino, para quem a

---

*   Embora esse *slogan* seja comumente atribuído a Ockham, sua formulação explícita não se encontra em texto algum do autor.

**   *Epistemológica,* nesse contexto, se refere àquilo que diz respeito ao conhecimento, incluindo suas etapas, características e subdivisões.

experiência era apenas a causa material do conhecimento, Ockham via na experiência sua causa eficiente – só assim seria possível saber algo sobre a realidade dos fatos e do mundo. Segundo Tomás de Aquino (2002, p. 545), "O intelecto conhece ou pelo *intellectus agens**, ou pela espécie inteligível do fantasma". Isso deixa claro o papel dos "fantasmas"** no processo de abstração que dá origem ao conhecimento dos particulares.

O primado do singular sobre o universal e, portanto, base da crítica de Ockham à teoria da abstração de Aquino, apoia-se na tese de que objetos singulares não têm essência. Tal tese é demonstrada por meio de um argumento cuja conclusão é a de que não pode haver uma diferença entre a essência de um objeto e o objeto em si. Esse argumento é desenvolvido em sua *Summa Logicae*:

> *Desde que nós tocamos no ser existente, devemos fazer uma digressão para considerar como o ser existente está relacionado com a coisa, isto é, onde o ser de uma coisa e a essência de uma coisa são duas entidades fora da alma, distintas uma da outra. Parece-me que não há tais duas entidades; nem que o ser existente signifique algo de diferente na coisa. Pois, se esse fosse o caso, seria ou substância ou acidente. Não é acidente porque então o ser existente de um homem seria a quantidade ou qualidade; isso é manifestamente falso, como fica claro por indução. Nem pode ser dito que seja uma substância porque toda substância é ou matéria ou forma ou um compositum de ambos, ou é uma substância absoluta. Mas se o esse é outra coisa que a da entidade da coisa, não pode ser dito que seja nada disso.* (Ockham, citado por Culleton, 2011, p. 533, tradução do original)

O filósofo elabora o seguinte condicional: se o ser de uma coisa e sua essência são algo diferente da coisa, então, ou são substância ou

---

*   Corresponde à parte do intelecto cuja faculdade é ativa em relação ao processo de intelecção.

** Os fantasmas são os universais abstratos decompostos do objeto sensível.

acidente. Como não podem ser acidente, porque, se o fossem, o ser de uma entidade e sua essência seriam ou uma qualidade ou quantidade, o que claramente não é o caso, devem ser substância. Mas também não podem ser substância, porque substância é ou matéria ou forma, ou, ainda, uma composição das duas. Portanto, o consequente do condicional é falso, pois tanto o ser quanto a essência de uma coisa são ou substância ou acidente, então resta apenas que o ser e a essência da coisa não podem ser algo diferente da coisa. Sendo assim, conclui Ockham, eles devem ser a própria coisa, e, embora possamos falar dele, do ser existente da coisa e separado da própria coisa, essa separação é apenas possível no intelecto.

> Se A, então B. B é falso. Logo, A é falso. Essa regra lógica se chama *Modus Tollens*. Por exemplo: se choveu, então a calçada estará molhada. Mas se olharmos a calçada e ela não estiver molhada, podemos concluir que não choveu.

Mostrado que o ser e a essência da coisa não podem existir separados da coisa em si e, portanto, o ser existente e a coisa são uma e a mesma entidade, conclui-se que a essência de objetos individuais não existem, pois, para Ockham, seria o mesmo que mostrar que um objeto A tem três características ("x", "y", "z") e uma quarta característica "e". Suponha que você é capaz de apresentar em outros objetos cada uma das três primeiras características ("x", "y", "z"), dando outros exemplos de objetos distintos que contam com essas propriedades. Agora, imagine que você é incapaz de apontar em que consiste a característica "e". Esta não é outra coisa se não o próprio objeto A. Assim, A = e. Mas, nesse caso, qual seria a razão para continuar sustentando que o objeto A tem quatro características em vez de três, sendo que, quando pretendemos explicar em que consiste "e", não dizemos nada além de A? Tanto "x" quanto "y" e "z" são distintos de A. Assim, Ockham demonstra que essências individuais, o "e" desse exemplo, não existem. Por essa razão, são rejeitados pelo filósofo as ideias de universais como entidades separadas ontologicamente de indivíduos que subsistem por si sós; o que existe são apenas objetos singulares. Então, para compreendermos a natureza de predicados como *humanidade* e *sabedoria*, devemos apelar apenas a indivíduos particulares, as entidades mais fundamentais de nossa ontologia.

Síntese

Neste capítulo, apresentamos um dos problemas mais antigos da filosofia e da metafísica: descobrir se os universais existem ou não. No entanto, antes de saber se existem de fato, vimos que é necessário entender o que são *universais*. Aprendemos que universais seriam entidades abstratas instanciáveis que responderiam pela referência de predicados. Nesse sentido, o principal fenômeno ao qual se apela para tal tipo de entidade é o da semelhança. Vimos como a concepção sobre universais surgiu na filosofia com base nos estudos de Platão, e como os medievais se apropriaram das visões opostas de Platão e Aristóteles, fundamentados em um ponto de vista de acordo com o qual essas abordagens poderiam ser tomadas como complementares. Apresentamos o tratamento dado por Boécio ao problema da distinção sobre um universal entre existir na realidade e existir apenas na mente e, por fim, a solução de Tomás de Aquino ao problema de existir em muitos e a crítica de Guilherme de Ockham à visão dos realistas sobre os universais.

Indicação cultural

Filme

O NOME da rosa. Direção: Jean-Jacques Annaud. EUA: 20th Century Fox, 1986. 130 min.

O filme conta a história de Guilherme de Baskerville e seu aprendiz Adso von Melk, dois monges franciscanos chamados a fim de resolver um mistério em torno da morte de sete outros monges em um mosteiro na Itália medieval. O personagem principal do filme é inspirado no filósofo Guilherme de Ockham, que mostra como os crimes são desvendados utilizando um método dedutivo investigativo, característico de certos procedimentos em filosofia e amplamente desenvolvido pelos medievais.

Atividades de autoavaliação

1. No que diz respeito ao problema dos universais:

   a) Ele surgiu com base na teoria das formas de Platão.

   b) Ele surgiu apenas na Idade Média.

   c) Foi Aristóteles quem apontou pela primeira vez a existência de universais.

   d) Ele diz respeito apenas ao conhecimento de tais entidades.

2. O que são universais?

   a) São entidades que correspondem à referência de nomes próprios.

   b) São entidades concretas que não existem nem no tempo, nem no espaço.

   c) São entidades abstratas que correspondem à referência de predicados.

   d) São mônadas.

3. São exemplos de expressões que se referem a universais:

   a) Gênero, espécie e indivíduo.

   b) Essência e acidente.

   c) Descrições definidas e indexicais.

   d) Triângulo, vermelho e homem.

4. De acordo com Platão, é correto afirmar sobre as formas que:

   a) elas não existem separadas dos objetos.

   b) elas têm uma existência independente de objetos.

   c) são mutáveis e imperfeitas.

   d) não podem ser conhecidas.

5. O apelo de Platão às formas é para explicar qual fenômeno?

    a) A mudança.
    b) As substâncias.
    c) A linguagem.
    d) O conhecimento.

6. De acordo com a doutrina realista dos universais:

    a) eles são apenas nomes.
    b) não há nada na realidade que corresponda a conceitos universais.
    c) eles só existem na mente.
    d) eles existem independentemente de uma mente que os apreenda.

7. De acordo com o nominalismo, é correto afirmar que:

    a) universais são entidades abstratas.
    b) universais podem ser ao mesmo tempo um e muitos.
    c) universais existem apenas nos objetos que os instanciam
    d) universais são apenas nomes.

8. De acordo com Boécio, é correto afirmar que:

    a) temos ideias inatas que respondem pelo nosso conhecimento das formas nas coisas.
    b) nenhum conhecimento advém da experiência.
    c) universais são ideias na mente de deus.
    d) universais têm uma existência separada dos objetos sensíveis.

9. Assinale a alternativa **incorreta**:

    a) Para Boécio, se assumirmos que os universais são reais, nós nos defrontaremos com o problema de que nada na realidade pode ser um universal.
    b) Se aceitarmos que os universais só existem na mente, não seremos capazes de explicar a objetividade do conhecimento humano.

c) Conhecimento é uma crença em uma proposição verdadeira e justificada.

d) O conhecimento consiste em uma representação fiel das coisas como elas são no mundo.

10. Sobre a doutrina de Santo Tomás de Aquino, é **incorreto** afirmar que:

a) segue a essência da explicação aristotélica sobre as formas e as essências.

b) busca resolver o problema de existir em muitos ou ser verdadeiro de muitos.

c) um universal é uno apenas enquanto é tomado em seu sentido definicional.

d) a multiplicidade é uma característica acidental dos universais.

Atividades de aprendizagem

Questões para reflexão

1. Qual é o objetivo de Platão ao introduzir o discurso sobre as formas?

2. Qual é o argumento de Platão para a existência das formas?

3. Quais são as duas principais doutrinas discordantes sobre universais?

4. Qual é a solução de Boécio para o dilema mente-realidade?

5. Qual é a solução de Tomás de Aquino para o problema de uno ou múltiplo?

Atividade aplicada: prática

1. Faça uma pesquisa mais aprofundada e responda à seguinte questão: foi a filosofia medieval mais influenciada pelo catolicismo ou a Igreja Católica mais influenciada pela filosofia? Justifique sua resposta.

3

O argumento ontológico

e Deus existe, como provar sua existência? Essa é uma das questões mais fáceis de serem formuladas em filosofia, mas que, por outro lado, é aquela cuja resposta parece ser mais difícil de ser apresentada. De onde devemos partir? A resposta deve ser baseada em fatos observáveis, em considerações puramente a priori, *isto é, que não envolvam a experiência, ou deve conter ambos os elementos? Neste capítulo, vamos estudar um dos mais célebres argumentos já apresentados em prol da existência divina, o argumento de Santo Anselmo, bem como os aspectos lógicos, linguísticos e, sobretudo, metafísicos do seu argumento. Vamos ver também algumas objeções apresentadas por Gaunilo e Kant, bem como formas de respondê-las.*

3.1
O argumento ontológico de Santo Anselmo

Argumentos ontológicos são aqueles que pretendem provar a existência de Deus. O termo *ontológico* vem de um ramo de estudos específico da metafísica que se debruça sobre a questão do ser. *Ontologia*, portanto, é a área da filosofia que tem como objetivo dizer o que existe na realidade. No capítulo anterior, vimos a defesa de Santo Tomás de Aquino à existência dos universais, discussão de caráter ontológico, pois trata da existência de um grupo geral de entidades que são abstratas. Assim, até mesmo aqueles filósofos que defendem que não existem universais também estão fazendo ontologia, ou seja, estão se pronunciando sobre o que existe ou não na realidade. O argumento ontológico, como o próprio nome sugere, também é um argumento que pretende afirmar a existência de certa entidade na realidade: Deus. Portanto, nesse sentido específico, alguns desses argumentos são em prol da existência de Deus.

O mais célebre argumento para a existência divina, e, sem dúvida, um dos mais discutidos e comentados textos filosóficos, é o argumento ontológico de Santo Anselmo apresentado em seu *Proslogion II, III* (Anselm, 1938, 1998). O religioso busca provar a existência divina apelando apenas a uma compreensão da natureza ou da essência de Deus e mostrando que, se é possível que algo que tenha tal natureza pode ser concebido, então necessariamente deve existir.

Primeiramente, Anselmo (citado por Charlesworth, 1965, p. 87, tradução nossa) define *Deus* como "aquilo do qual nada maior pode ser pensado", e busca derivar disso uma contradição com a afirmação de que "Deus não existe". Esse é um movimento bastante conhecido em lógica e que se chama *prova por contradição* ou *redução ao absurdo*. Esse recurso consiste em um argumento no qual assumimos, com base em uma definição preestabelecida, a negação daquilo que queremos provar e, assim, se encontramos uma contradição, então conseguimos provar aquilo que queríamos.

Dessa forma, o primeiro passo de Anselmo é apresentar uma definição de Deus, ou um modo de compreender a natureza divina, como vimos anteriormente. Podemos imaginar uma criatura ou um ser extremamente bondoso, mas é possível pensarmos em um ser ainda mais bondoso; podemos pensar em uma entidade extremamente poderosa, que pode mover céus, montanhas e uma infinidade de outras coisas, mas também podemos pensar em uma ainda maior; podemos imaginar um ser extremamente sábio, que detém todo o conhecimento da realidade, mas podemos imaginar um que é absolutamente onisciente. Enfim, Deus é aquele ser que tem todas essas características elevadas a um grau tal que atinge e completa a perfeição e, assim, instancia em um grau máximo toda a perfeição.

A passagem na qual Anselmo apresenta seu argumento é a seguinte:

Então, Senhor, Você que me dá a compreensão para ter fé, que garante que eu possa compreendê-lo da maneira que Você compreende que seja mais adequado, que Você existe da maneira que nós acreditamos que Você exista, e que Você é da maneira que nós acreditamos que Você seja. Agora, nós acreditamos que Você é alguma coisa a partir da qual nada maior pode ser pensado. Ou pode ser que alguma coisa de uma tal natureza não exista, desde que o incrédulo afirme em seu coração que não há Deus? Mas, certamente, quando esse mesmo incrédulo ouve sobre o que eu estou falando, nomeadamente, "algo-do-qual-não-se-pode-pensar-nada-maior", ele entende o que ele ouve, e o que ele entende está em sua mente, até mesmo se ele insiste que o que está em sua mente não existe. Pois uma coisa é o objeto existir na mente, e outra coisa é entender que aquele objeto não existe na atualidade. Assim, quando um pintor planeja antecipadamente executar uma obra, ele tem ela em mente, mas ele não pensa que ela atualmente existe, justamente porque ele ainda não a executou. Porém, quando ele finalmente pinta sua obra, então ele, ambos, tem ela em sua mente e entende que ela existe porque ele já a concretizou. Até mesmo o incrédulo assim é forçado a concordar que "alguma-coisa-da-qual-nada-maior-pode-ser-pensado" existe na mente, desde que compreende isso quando ele ouve, e qualquer coisa que é entendida está na mente. E certamente, "aquilo-do-qual-nada-maior-pode-ser-pensado" não pode existir na mente apenas. Pois, se existe apenas na mente, pode ser pensado existindo na realidade também, pois existir na realidade é ser ainda maior do que algo existindo apenas na mente. Se, então, "aquilo-do-qual-nada-maior-pode-ser-pensado" existe na mente apenas, este mesmo "algo-do-qual-nada-maior-pode-ser-pensado" não é um "algo-do-qual-nada-maior-pode-ser-pensado". Assim, não existe absolutamente nenhuma dúvida de que "aquilo-do-qual-nada-maior-pode-ser-pensado" existe em ambos, na mente e na realidade. (Anselmo, citado por Charlesworth, 1965, p. 87, [tradução nossa])

O argumento de Anselmo é bastante simples, mas nem por isso deixa de ser persuasivo, ou talvez por ser tão simples seja tão persuasivo. O santo apresenta uma definição de Deus, então seu segundo movimento é ceder ao incrédulo e assumir que pode ser que algo como o que foi definido não exista. Contudo, para se afirmar que algo não existe, é, no mínimo, necessário entender ou compreender aquilo que está sendo afirmado que não existe, e isso o opositor da tese de que Deus existe deve conceder. Caso contrário, não faria sentido o indivíduo afirmar que um objeto O não existe, sendo que ele não compreende o conceito expresso por O. Assim, se o incrédulo compreende o conceito expresso por "aquilo do qual nada maior pode ser pensado", então ao menos em sua mente, ou na mente de quem compreende tal expressão, ele existe.

Em seguida, Anselmo concede o ponto mais uma vez para o cético e afirma que, se algo existe na mente, não significa que aquilo existe na realidade, como no caso do pintor, que, antes de pintar seu quadro, já o tem em mente; até ele sabe que sua obra nesse momento não existe de fato. Assim, há dois modos de afirmar que algo existe: um modo, talvez o menos relevante, é afirmar que algo existe na mente, e o segundo modo, talvez mais relevante, que consiste em afirmar que algo existe na realidade. Mas o passo mais importante do argumento consiste no movimento em que Anselmo mostra que, ao compreender e aceitar a definição "aquilo do qual nada maior pode ser pensado", o objetor deve aceitar que esse objeto existe também na realidade, e não apenas no pensamento ou na mente, justamente pelo seguinte motivo: pense em um objeto X, que existe tanto na mente quanto na realidade. Agora pense em um objeto Y, que existe apenas na mente. Obviamente, aquele objeto que existe na realidade, em vez de existir apenas na mente, é maior do que o objeto que existe apenas na mente. Nós podemos conceber dois objetos, um que é bastante poderoso, e um segundo que é absolutamente poderoso; o segundo é, sem dúvida, maior que o primeiro. Sendo assim, aquele objeto do qual nada maior pode ser pensado deve existir na realidade, e não apenas na mente, porque se ele existir apenas na mente não será aquilo do qual nada maior pode ser pensado.

Em outras palavras, aceitar que Deus não existe, ou que não existe na realidade aquilo do qual nada maior pode ser pensado, implica que aquilo do qual nada maior pode ser pensado não é aquilo do qual nada maior pode ser pensado, o que é obviamente uma contradição. Assim, por lógica, apenas obtemos o resultado de que definindo certa entidade X como o tal, e, por hipótese, assumindo que X não existe, chegamos à conclusão de que tal entidade é X e não é X; portanto, X existe.

Mais formalmente, podemos construir o seguinte argumento, em que P são premissas e C, as conclusões:

- P1 – Deus é aquilo do qual nada maior pode ser pensado. (Definição)
- P2 – Existência no entendimento e existência na realidade são duas coisas separadas.
- P3 – Existência na realidade é maior que existência no entendimento.
- P4 – Até aquele que não acredita na existência de Deus compreende o conceito "aquilo do qual nada maior pode ser pensado".
- P5 – Se alguém compreende um conceito, então esse conceito existe no entendimento.
  - › C1 – O conceito "aquilo do qual nada maior pode ser pensado" existe no entendimento daquele que não acredita na existência de Deus. (*Modus ponens**, P4 e P5)
- P6 – "Aquilo do qual nada maior pode ser pensado" existe apenas no entendimento. (Hipótese para a redução ao absurdo)
- P7 – É maior para "aquilo do qual nada maior pode ser pensado" existir na realidade do que apenas no entendimento.
  - › C2 – Existe algo maior do que "aquilo do qual nada maior pode ser pensado". (Instanciação, P6).
  - › C3 – "Aquilo do qual nada maior pode ser pensado" não pode existir apenas no entendimento. (Redução ao absurdo, P6, C2)
  - › C4 – Deus existe. (Substituição do *definiendum* pelo *definiens*, C3, P1)

---

* *Modus ponens* consiste em um padrão dedutivo ou regra de dedução que nos permite inferir, com base em A → B, a verdade de B.

Como vimos, a conclusão de que Deus existe se segue necessariamente de premissas. O aspecto principal desse argumento é a definição de Deus e a caracterização de duas noções de existência: uma forte e uma fraca (existir apenas na mente e existir na realidade, respectivamente). O objetor dessa forma, em virtude de ter aceitado a definição e as duas noções de existência, não pode negar a conclusão de que, se Deus é aquilo do qual nada maior pode ser pensado, então não podemos apenas pensá-lo como existindo na mente, mas principalmente existindo na realidade.

3.2
A objeção de Gaunilo: o argumento da ilha perdida

Gaunilo foi um filósofo contemporâneo de Anselmo e também um dos principais objetores do seu argumento ontológico em vida. O monge acreditava que o mesmo movimento aplicado para se chegar à conclusão sobre a existência de Deus poderia ser desenvolvido para concluir a existência de qualquer outro objeto, como a ilha perdida mais perfeita que existe. Essa estratégia consiste mais uma vez em uma espécie de redução ao absurdo, pois, se Gaunilo conseguisse mostrar que o argumento de Anselmo pode "provar" a existência de qualquer objeto que se pretenda afirmar que nenhum outro é maior, então o argumento é trivial, ou seja, ele poderia provar a existência de qualquer coisa que se queira e, assim, não teria força argumentativa para provar logicamente a existência daquele objeto em especial. O argumento de Gaunilo é bastante similar ao de Anselmo, com a seguinte diferença: em vez de "aquilo do qual nada maior pode ser pensado", seria "a maior ilha da qual nenhuma outra maior pode ser pensada".

Gaunilo então faz o mesmo movimento: imagine que alguém acredita que a ilha descrita anteriormente não existe. Essa mesma pessoa deve aceitar que "a ilha da qual nenhuma outra maior pode ser pensada" existe ao menos no entendimento, caso contrário, não faria sentido o cético afirmar que tal objeto não existe sendo que ele não compreende o que é expresso por esse conceito. Porém, entre duas ilhas, uma que existe apenas no entendimento e outra que existe na realidade, esta última sem dúvida é maior ou excede em perfeição aquela que apenas existe no entendimento. Dessa forma, quando nosso objetor alega que tal ilha não pode existir na realidade, ele também está incorrendo em uma contradição, pois, se "a ilha da qual nenhuma outra maior pode ser pensada" não existe na realidade, então ela não é "a ilha da qual nenhuma outra maior pode ser pensada". Assim, por redução ao absurdo, Gaunilo pode mostrar que qualquer objeto existe se demonstrado à maneira de Anselmo.

O argumento de Gaunilo é, de fato, conclusivo? Devemos abandonar, com base nele, a prova de Anselmo? De acordo com Jeff Speaks (2006) há duas formas em que o contra-argumento de Gaunilo pode ser objetado: 1) mostrando que ele é inválido e 2) mostrando que há alguma premissa falsa no argumento. Não podemos apelar para (1) porque a estrutura lógica do contra-argumento de Gaunilo é exatamente a mesma do argumento de Anselmo. Assim, se afirmarmos que o contra-argumento de Gaunilo é inválido, obteremos a péssima consequência de que o argumento de Anselmo também é inválido, o que é o mesmo que "jogar a água da banheira fora com a criança junto"*.

A outra forma por meio da qual podemos objetar o argumento de Gaunilo consiste em mostrar que alguma premissa de seu argumento é falsa. Speaks (2006) aponta para a premissa de uma ilha existindo na

---

* Essa expressão significa, por exemplo, uma teoria que, apesar de explicar um número grande de fenômenos, tem algumas limitações, e, em virtude delas, não é digna de nossa atenção.

realidade. Essa premissa é falsa, e é simples perceber o porquê: uma ilha é uma porção de terra cercada por água, um acidente geográfico; uma ilha não maximamente perfeita, mas uma ilha de magnitude gigantesca, em contraposição a uma ilha de magnitude não tão grande, já não seria uma ilha, mas, sim, um continente. Nesse caso, já não estaríamos falando de uma ilha, mas de qualquer outra coisa que não uma ilha. Assim, "a ilha da qual nenhuma outra ilha maior poderia ser pensada" não é uma ilha.

Portanto, mostrando que uma das premissas do argumento de Gaunilo é falsa, e que a premissa equivalente do argumento de Anselmo não sofre os mesmos problemas, pois "aquilo do qual nada maior pode ser pensado" é ainda "aquilo do qual nada maior pode ser pensado", provamos que o contraexemplo de Gaunilo não se segue e, ao menos dele, o argumento de Anselmo está isento de críticas.

3.3
Crítica de Kant

O principal aspecto da crítica kantiana ao argumento ontológico é que, para Kant, não há qualquer diferença relevante entre duas ideias se acrescentarmos o conceito de existência a uma delas. Isso se deve ao fato de Kant seguir a tese defendida por David Hume de que a existência não é um predicado real. Para o filósofo britânico, um exame mais atento de atribuições de um conceito predicado (uma propriedade ou atributo) a um conceito sujeito (um objeto), no campo da experiência, pode revelar que, quando o predicado em questão é o predicado de existência, nada se ganha ou nada se acrescenta ao conceito sujeito. Podemos exemplificar essa afirmação da seguinte forma: se dissermos que certo animal é um mamífero e que possui asas, isso é bastante significativo do ponto de vista de como podemos proceder nossas investigações no ramo da biologia – esse é um conhecimento legítimo e extremamente importante para a compreensão das espécies, ou mesmo da taxionomia do mundo. Faz muita diferença afirmamos que, entre dois animas que têm asas, um deles é mamífero e o outro não. Há, de acordo com a biologia, apenas uma espécie de animal que é mamífero e que apresenta asas: os morcegos. No entanto, se tomarmos o exemplo anterior e considerarmos um animal mamífero que possui asas e dissermos que ele existe, qual é a diferença ou a relevância dessa nova descrição do conceito?

Hume propõe o seguinte experimento imaginário: suponha dois objetos, um concreto e existente, por exemplo, uma caneta que está ao seu alcance, e um inexistente que você está apenas imaginando, como uma maçã. Então comece a destituir cada um dos objetos de suas propriedades sensíveis: a cor, a forma, a textura, o peso, e assim por diante. Ao concluir esse processo, ao menos uma propriedade deve restar no caso da caneta, a existência, e essa mesma propriedade não pode restar no caso da maçã. No entanto, para Hume, isso não faz o menor sentido, não há qualquer impressão da existência distinta da impressão de um objeto. Toda impressão ou percepção de um objeto é acompanhada pela ideia de existência. Assim, como todas as nossas ideias significativas derivam de impressões sensíveis, Hume conclui que a existência não é uma propriedade separada de um objeto.

Kant (2001, p. 516) segue de modo muito próximo a doutrina de Hume no tratado: "Ser não é, evidentemente, um predicado real, isto é, um conceito de algo que possa acrescentar-se ao conceito de uma coisa; é apenas a posição de uma coisa ou de certas determinações em si mesmas". Aqui, Kant compara, por exemplo, o predicado de existência com um predicado como o peso de um objeto ou a cor dos olhos de uma pessoa, que são obviamente predicados reais. Para o filósofo prussiano, não acrescentamos nada a um objeto atribuindo-lhe a existência:

Assim, pois, quando penso uma coisa, quaisquer que sejam e por mais numerosos que sejam os predicados pelos quais a penso (mesmo na determinação completa), em virtude de ainda acrescentar que esta coisa é, não lhe acrescento o mínimo que seja. Porquanto, se assim não fosse, não existiria o mesmo, existiria, pelo contrário, mais do que o que pensei no conceito e não poderia dizer que é propriamente o objeto do meu conceito que existe. (Kant, 2001, p. 517)

Assim, Kant apenas estende uma doutrina humeana* ao argumento ontológico. O *locus* do argumento ontológico de Anselmo é argumentar que um objeto **existente** do qual nada maior pode ser pensado é obviamente maior do que um objeto **inexistente** do qual nada maior pode ser pensado, ou seja, um objeto existente excede em perfeição um objeto inexistente. O que difere esses dois objetos? Apenas a existência. Entretanto, como apresentamos há pouco, a existência não é um predicado real e tampouco acrescenta qualquer coisa ao objeto ao qual lhe atribuímos. Assim, o argumento de Kant consiste em, com base na tese de que a existência não é um predicado real, mostrar que não há diferença entre "o objeto do qual nada maior pode ser pensado" e "o objeto **existente** do qual nada maior pode ser pensado". Sendo assim, não há qualquer contradição existente em se pensar simplesmente em "algo do qual nada maior pode ser pensado", mas que não existe na realidade, ou que existe apenas como pensamento. Para Kant, um objeto pensado enquanto existindo não é maior que um objeto simplesmente pensado, o que torna o argumento de Anselmo completamente inócuo.

De fato, a existência é um predicado irreal, isto é, não há qualquer diferença entre uma ideia qualquer e essa mesma ideia pensada com o acréscimo da existência? Bem, nem todos os filósofos pensam assim. Nos dias atuais, o conceito de *existência* é amplamente pensado, em virtude

---

*   Relativo a David Hume.

de estudos resultantes de uma compreensão melhor da lógica, como um predicado real, um genuíno atributo de objetos. Mas não precisamos recorrer a todo o instrumental da lógica para ver que a existência não é um predicado tão trivial assim. O próprio Tomás de Aquino apresentou uma distinção que torna inteiramente plausível a visão de acordo com a qual a existência é, sim, um predicado real e inteiramente não trivial. O santo expõe esse pensamento de um modo muito simples: uma coisa é uma definição, como a definição de "homem", "mamífero alado" ou "unicórnio". Em outras palavras, uma coisa é entender quando alguém nos explica o que é cada uma dessas coisas; outra é saber se cada uma delas existe. Essa é uma distinção simples, mas que revela a real importância da existência.

É um fato que é possível entender a ideia de "algo acerca do qual nada maior pode ser pensado", mas negar que haja uma diferença circunstancial entre duas ideias, uma acompanhada da existência e outra não, é negar um dos fatos mais relevantes da realidade, o fato de que **há** algo, ou seja, o universo e tudo que o compõe, ao invés de simplesmente não existir nada. Poderia ser o caso de não haver nada em parte alguma do universo, nem planetas, nem estrelas, nem átomos, nem energia. Sendo assim, se não há nenhuma diferença entre um objeto existindo e o mesmo objeto não existindo, então não deveria haver diferença alguma na forma como o universo é e na forma como ele foi descrito há pouco. Assim, não restam dúvidas de que a existência é um predicado real, e que o argumento ontológico de Anselmo está isento das críticas de Kant contra ele.

Síntese

Neste capítulo, analisamos um dos principais argumentos acerca da existência de Deus: o argumento ontológico de Santo Anselmo, além do que ele significa e como se relaciona à metafísica. Vimos que a estrutura do argumento tem a forma de uma redução ao absurdo e no que ela consiste. Em seguida, acompanhamos também duas ordens de objeções ao argumento de Anselmo: a objeção da ilha perdida de Gaunilo e a objeção de Kant referente ao conceito de existência. Por fim, verificamos como é possível responder a cada um desses dois argumentos e recuperar a legitimidade do argumento original de Anselmo.

Indicação cultural

Filme

O SÉTIMO selo. Direção: Ingmar Bergman. Suécia: Zeta Filmes, 1956. 96 min.

O filme se passa durante a Idade Média europeia e trata de uma remissão ao livro bíblico do Apocalipse. Para tanto, a película aborda os medos e a preocupação com o fim do mundo da sociedade medieval, produzidos pela aflição com as condições de vida em meio à peste, que dizimava gradualmente aquela sociedade. Embora o filme seja relacionado aos temores de um povo e uma época, ele é bastante atual, por representar a angústia e os sentimentos pós-Segunda Guerra Mundial e a invenção da bomba atômica. O filme apresenta elementos do período medieval na história e ajuda a atribuir imagens que permitem fixar melhor o momento em que os debates suscitados neste capítulo aconteceram.

Atividades de autoavaliação

1. O que visa um argumento ontológico?
   a) Provar a existência de universais.
   b) Provar a existência de Deus.
   c) Apresentar razões para a existência do mundo.
   d) Mostrar que os significados se encontram na mente.

2. Qual é o formato do argumento de Santo Anselmo?
   a) *Modus ponens*.
   b) Indução matemática.
   c) Dedução transcendental.
   d) Redução ao absurdo.

3. Qual é a definição de Deus segundo Santo Anselmo?
   a) O ser que é onipotente, onisciente e maximamente bondoso.
   b) Aquilo do qual não existe nada maior.
   c) Aquilo do qual nada maior é possível.
   d) Aquilo do qual nada maior pode ser pensado.

4. De acordo com o argumento de Santo Anselmo:
   a) Aquilo que existe atualmente é maior do que aquilo que existe apenas na mente.
   b) Tudo que existe na mente existe na realidade.
   c) Não há diferença entre existir na mente e existir na realidade.
   d) A existência não é um predicado real.

5. Quando alguém diz que algo não existe, com o que essa pessoa está se comprometendo?

a) Com uma contradição, porque tudo existe.

b) Com o fato de que aquilo existe ao menos no entendimento.

c) Com o exemplo de uma pintura, que já existe antes de ser pintada.

d) Com o fato de que se aquilo existe na imaginação, então tem ser.

6. De acordo com Santo Anselmo, qual das opções a seguir o cético não pode negar?

a) Que há uma contradição em negar a existência de Deus.

b) Que Deus é o primeiro motor do universo.

c) Que aquilo do qual nada maior pode ser pensado existe na realidade.

d) Que a existência não é um predicado real.

7. Com relação ao conceito de *existência*:

a) Existe algo maior do que "aquilo do qual nada maior pode ser pensado".

b) Existência no entendimento e existência na realidade são a mesma coisa.

c) Existência no entendimento é maior que a existência na realidade.

d) Se alguém compreende um conceito, então esse conceito existe no entendimento.

8. De acordo com a crítica de Gaunilo, é possível afirmar que:

a) a prova de Anselmo é inválida.

b) há uma premissa falsa no argumento ontológico.

c) o argumento de Santo Anselmo pode provar a existência de uma ilha cuja dimensão nenhuma outra exceda.

d) há uma falha lógica no argumento.

9. Qual é o problema, de acordo com Jeff Speaks (2006), com a crítica de Gaunilo?

   a) Ela é inválida.

   b) Uma de suas premissas é falsa.

   c) Não é uma crítica legítima.

   d) Não tem significado.

10. De acordo com a crítica de Kant, como é possível refutar o argumento de Santo Anselmo?

    a) Afirmando que Deus não pode ser pensado.

    b) Que o conceito de Deus é uma ideia reguladora da razão.

    c) Que a existência não é um predicado real.

    d) Que a proposição "Deus existe" é sintética *a priori*.

Atividades de aprendizagem

Questões para reflexão

1. O que é um argumento ontológico?

2. Qual é o argumento ontológico de Anselmo?

3. A premissa da crítica de Gaunilo é falsa? Justifique sua resposta.

4. Como Kant vê o conceito de existência?

5. Qual é a resposta de Tomás sobre o conceito de *existência*?

Atividade aplicada: prática

1. Reflita, independentemente de sua religião: Você acha que a prática religiosa exige ou não que se tenha firme em mente uma argumentação rigorosa que prove a existência de uma ou mais entidades superiores de acordo com as quais a sua religião se guia? Justifique sua resposta.

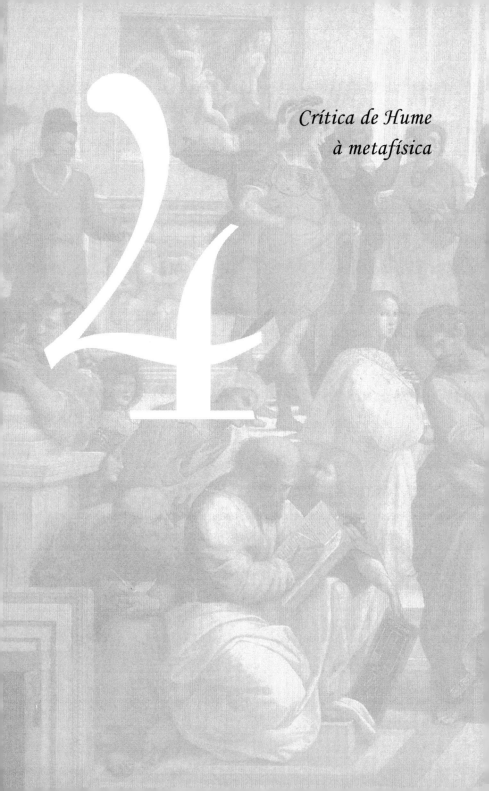

4

Crítica de Hume à metafísica

É a metafísica uma disciplina legítima do conhecimento humano? As crenças em proposições verdadeiras justificadas pelos metafísicos podem ser consideradas conhecimento? Se sim, qual é a justificativa para as proposições metafísicas se elas justamente fazem afirmações que ultrapassam o alcance dos dados sensíveis? A metafísica é a mais tradicional disciplina da filosofia. Ela diz respeito aos fatos mais gerais da realidade, como o que garante o estatuto de necessidade das leis científicas e dos princípios da filosofia, de que modo pode haver liberdade em um mundo completamente determinista e como é possível postular a existência de entidades às quais não temos acesso por meio dos sentidos. No entanto, com base no trabalho de David Hume em "Tratado da natureza humana", a metafísica clássica viu o surgimento de um conjunto de teses que abalaria profundamente seus pilares, pondo em xeque o alcance do espírito humano às verdades pretendidas por essa área da filosofia. Neste capítulo, vamos aprender os argumentos que levaram Hume a negar a possibilidade do conhecimento das verdades metafísicas.

4.1
O que podemos conhecer?

O *escocês David Hume* foi um historiador, filósofo, economista, diplomata e ensaísta, hoje conhecido especialmente por seu empirismo radical e ceticismo.

A questão da qual Hume parte – e que culmina em sua recusa da metafísica clássica – é: **Que coisas podemos saber acerca do mundo exterior e de que maneira adquirimos esse conhecimento?** Logo na introdução do seu principal trabalho, *Tratado da natureza humana*, Hume faz um diagnóstico severo da metafísica especulativa. Referindo-se às discussões intermináveis e à total falta de consenso por parte daqueles filósofos que pretendem oferecer um conhecimento seguro sobre os mais diversos problemas que, que por sua vez, exigem algum esforço do intelecto humano dentro dos muros da academia, Hume (2000, p. 19-20) escreveu:

> *Mesmo a plebe lá fora é capaz de julgar, pelo barulho e vozerio que ouve, que nem tudo vai bem aqui dentro. Não há nada que não seja objeto de discussão e sobre o qual os estudiosos não manifestem opiniões contrárias. A questão mais trivial não escapa à nossa controvérsia, e não somos capazes de produzir nenhuma certeza a respeito das mais importantes. Multiplicam-se as disputas, como se tudo fora incerto; e essas disputas são conduzidas da maneira mais acalorada, como se tudo fora certo.*

Nessa passagem, Hume aponta para um fato – que posteriormente também foi salientado por Kant – sobre o estado de um campo de investigação no qual podemos perceber que o conhecimento não avança, ou pior que isso: nenhum conhecimento é estabelecido. E os sintomas que levam a esse diagnóstico são a imensa discordância entre os praticantes dessa disciplina e a constante sensação de incerteza até mesmo sobre as questões mais importantes. Com base nesse diagnóstico, a conclusão natural à qual podemos chegar é de que algo vai mal com a metafísica especulativa. Sendo assim, é prudente suspender o juízo sobre aquilo que ela tem produzido.

No entanto, apenas suspender o juízo não é o bastante. Talvez mais importante que isso seja saber o que conduziu a metafísica a esse estado, ou, usando as palavras de Kant, por que a metafísica, uma das disciplinas mais antigas do conhecimento humano, ainda não encetou o caminho seguro de uma ciência como a física, por exemplo? Quando uma disciplina do conhecimento não é capaz de estabelecer um conjunto de leis e princípios com os quais a maior parte dos seus praticantes concorda, então seguramente ela não alcançou o caminho seguro de uma ciência. E esse caminho é justamente uma trilha, possivelmente sem volta, em que essa área do conhecimento apenas evolui no sentido de ser cada vez mais capaz de oferecer tratamento e explicação dos fenômenos que ela se propõe a explicar. As questões que se levantam, então, são: por que a metafísica não é capaz de explicar aquilo a que ela se propõe?; ou, mais drasticamente: por que o intelecto humano não é capaz de abarcar as questões metafísicas e respondê-las de modo objetivo?

A principal análise de Hume recai sobre o conceito ou relação de causalidade, especificamente sobre a noção de necessidade envolvida nessa relação. A crítica ao conceito de *necessidade* implica principalmente o fato de que os princípios da metafísica – não apenas o princípio de causalidade–, não podem ser considerados do ponto de vista de uma relação necessária entre a causa e o seu efeito.

Para entender melhor o ponto de Hume, considere um jogo de bilhar: quando o jogador acerta uma bola colorida com a bola branca, podemos dizer que o movimento da segunda bola foi causado pelo movimento da primeira, portanto há uma relação de causa e efeito envolvida. A maneira como compreendemos essa relação é tal que jamais suporíamos que, em condições normais, o efeito não se seguiria de sua causa. Por "condições normais" entendemos que, se a bola branca acertasse a bola colorida e esta não se movesse, a primeira coisa que pensaríamos é que há algo errado naquela situação: talvez alguém, para fazer uma brincadeira, tenha colado a bola colorida na mesa, ou então trocado especificamente aquela bola colorida por uma muito mais pesada, a fim de fazer com que não se movesse com o impacto da primeira. A nossa expectativa é justamente de que, com o impacto da bola branca, a bola colorida se mova, de acordo com o ângulo e com a força do impacto. Jamais esperaríamos, embora pudéssemos conceber ou imaginar situação semelhante, que a bola colorida não se moveria ou que, em alguma outra ocorrência, em condições normais, aquele evento não se repetiria. Não nos comportamos como se essa relação fosse contingente, mas, sim, necessária.

A necessidade não é uma característica apenas dos princípios filosóficos, mas também (e principalmente) das proposições da ciência. Ambos − os princípios filosóficos e as proposições científicas − são necessários e compreendidos como leis. Imagine outro caso: uma reação química. De acordo com as leis da química, uma reação entre dois elementos químicos, A e B, sempre irá ocorrer, em condições normais, quando esses dois elementos entrarem em contato um com o outro. É por isso que chamamos tal evento de *lei*: a reação química não vai acontecer somente algumas vezes e outras não, mas sempre, necessariamente.

No entanto, Hume afirma que essa expectativa, a de que um evento sempre se repita infinitamente em todos os casos, é uma ilusão causada por um fenômeno psicológico que só pode ser revelado à luz de uma profunda análise sobre a natureza humana, a natureza do intelecto humano. A estratégia de investigar um dos conceitos filosóficos mais fundamentais – como o conceito de *necessidade* na relação causal, com base em uma análise da natureza humana e de como esses conceitos se fundamentam no espírito humano – faz parte da crença humeana, de acordo com a qual todas as ciências guardam alguma relação (umas mais e outras menos) com a natureza humana: "É evidente que todas as ciências têm uma relação, maior ou menor, com a natureza humana; e, por mais que alguma dentre elas possa parecer se afastar dessa natureza, a ela sempre retornará por um caminho ou outro" (Hume, 2000, p. 20).

Hume também acrescenta que perceber essas relações é importante, pois isso nos permite melhorar essas ciências – *melhorar*, aqui, significa fazê-las avançar e progredir. Para o filósofo britânico (Hume, 2000, p. 21),

> *É impossível dizer quais transformações e melhoramentos seríamos capazes de operar nessas ciências, se não conhecêssemos plenamente a força e a extensão do entendimento humano, e se pudéssemos explicar a natureza das ideias que empregamos, bem como das operações que realizamos em nossos raciocínios.*

Como na filosofia esse progresso citado não é constatado, é ainda mais urgente uma análise dessa disciplina à luz de um conhecimento mais profundo sobre a natureza humana. As ideias de Hume são basicamente as seguintes:

- Há uma íntima relação entre a natureza humana e as demais ciências do conhecimento, uma relação de dependência. Um conhecimento aprofundado das demais ciências depende de um conhecimento aprofundado da natureza humana.

- Uma forma de operar transformações e melhoramentos em uma ciência consiste em introduzir um método especulativo que a aproxime do conhecimento sobre a natureza humana.

Portanto, o próximo passo de Hume é apresentar um estudo sobre a natureza do homem fundamentado em uma investigação sobre o entendimento humano e a formação das nossas ideias.

Segundo Hume, o único fundamento sólido às ciências é a **experiência**. Dessa maneira, a melhor compreensão que podemos oferecer do entendimento humano é entendê-lo como advindo exclusivamente da experiência, o que significa afirmar que não temos ideias inatas. Estas seriam, de acordo com alguns filósofos, ideias que dispomos desde sempre e que organizam uma compreensão prévia da experiência sensível, sendo, portanto, anterior a ela.

Desse modo, diferentemente da compreensão empirista, de acordo com a qual a mente é uma folha em branco, sem qualquer conhecimento prévio à experiência, a teoria das ideias inatas afirma que certos conceitos que nos acompanham desde o nascimento e que não advêm da experiência. Um desses conceitos, por exemplo, é o conceito ou ideia de *substância*, que é aquilo que organiza a nossa compreensão do que é um objeto e de como ele muda suas propriedades. Para que haja uma mudança de propriedades, é necessária a existência de algum substrato que as suporte. Em outras palavras, a substância é aquilo que "sobraria" de uma coisa caso fosse destituída de todas as suas qualidades. Descartes, por exemplo, acredita que essa é uma ideia inata, algo que só pode ser visto com os olhos da razão. Hume recusa esse tipo de imagem do entendimento humano. Para ele, a fonte de todas as ideias é a experiência empírica.

4.2
A natureza do entendimento

Hume classifica as percepções da mente humana em dois gêneros: as **impressões** e as **ideias**. Essa não é uma distinção fundamental na natureza desses dois grupos, pois a diferença mais saliente entre elas, afirma Hume, se dá quanto ao grau de força e vividez com que atingem a consciência.

A primeira classificação sobre as nossas impressões é que elas também são ideias, mas apresentam uma força e vividez maior do que meras ideias; entre as nossas impressões se incluem as sensações, paixões e emoções. As meras ideias, por sua vez, são formas apagadas de impressões, já sem o brilho e a força das impressões produzidas no intelecto. Para explicar melhor sua teoria, Hume compara o binômio **impressão-ideia** ao binômio **sentir-pensar**. Quando nos machucamos, a dor causada pelo ferimento é sentida pela mente ou pelo corpo, proporcionando-nos a percepção daquela sensação. Algum tempo depois, após curado o ferimento, somos capazes de nos lembrar daquela dor e, nesse caso, temos apenas uma ideia dela. A força e a vividez que temos da impressão da dor é maior do que quando apenas pensamos nela, quando o ferimento não dói mais.

A segunda classificação que Hume faz de nossas impressões, aplicável tanto às percepções quanto às ideias, ocorre entre impressões simples e complexas. Uma impressão simples, é aquela que não pode ser decomposta ou analisada em partes menores, mais fundamentais, como uma cor, um aroma ou um sabor – essas ideias dificilmente podem ser analisadas em termos de ideias mais básicas e dificilmente podem ser explicadas para alguém que nunca as experimentou (por exemplo: o sabor de uma maçã, a sua cor vermelha e seu aroma). As impressões complexas, por sua vez, podem ser analisadas em partes mais fundamentais, ou seja, são compostas de ideias mais simples. Como exemplo, podemos citar a ideia da maçã, que reúne as ideias mais simples do seu aroma, da sua cor e do seu sabor.

No entanto, apesar da extrema semelhança, há certas diferenças que devemos notar entre *impressões* e *ideias*, principalmente quando falamos em impressões e ideias complexas. Hume destaca que toda ideia simples conta com uma impressão simples que corresponde a ela, mas nem toda ideia complexa dispõe de uma impressão complexa correspondente. Como vimos, ideias simples são coisas como cores, sabores e aromas, ou seja, que não podem ser decompostas em ideias ainda mais simples. Nesse caso, todas elas devem ter uma impressão equivalente, isto é, não podem surgir de modo espontâneo na mente. Porém, o mesmo não se dá para ideias complexas, pois algumas delas não têm um correlato na mente. Por exemplo: não há impressões sensíveis de centauros justamente porque centauros não existem. A ideia de um centauro (rosto, torso e braços de homem, garupa e pernas de cavalo) é complexa e formada pela razão, que compõe ideias mais simples para formar ideias complexas: "Percebo, portanto, que, embora haja em geral uma grande semelhança entre nossas impressões e ideias complexas, não é uma regra universalmente verdadeira que elas sejam cópias exatas umas das outras" (Hume, 2000, p. 27).

A segunda característica que Hume apresenta sobre o estudo do entendimento humano, que, não por acaso, se inicia com um estudo sobre as nossas ideias e percepções com base em suas qualidades e relações, é a de que há uma forte relação de dependência entre as ideias e as impressões. Nossas impressões simples sempre antecedem as ideias relacionadas a elas, e nunca o contrário, ou seja, uma ideia simples não antecipa uma impressão simples. Para ver como isso é realmente o caso, ou seja, que nossas impressões simples antecedem as ideias simples, imagine se seria possível alguém ter a ideia de uma cor antes de ter tido contato com ela. Jamais seríamos capazes de produzir em alguém uma ideia simples como uma cor ou um som sem antes apresentar a impressão simples que corresponde a ela. Outro motivo é que não é possível fazer com que uma ideia produza a impressão – nesse caso, não somos capazes de pensar em um sabor e produzir a experiência desse sabor, ou pensar na dor causada por um ferimento no passado e produzir novamente aquela dor. Desse modo, Hume (2000, p. 29) afirma que "Para dar a uma criança a ideia do escarlate ou do laranja, do doce ou do amargo, apresento-lhe os objetos, ou, em outras palavras, transmito-lhe essas impressões; mas nunca faria o absurdo de tentar produzir as impressões excitando as ideias".

Mais um caso que confirma a dependência das ideias em relação às impressões acontece quando alguém tem danificado o órgão sensível que produz determinado tipo de impressão: no caso de uma pessoa cega ou surda de nascimento, ela não perde apenas suas impressões, mas também suas ideias. Assim como um cego não pode ter a impressão do vermelho, tampouco terá a ideia do vermelho. Já um surdo de nascimento não tem a ideia de um som nem terá a ideia de um som correspondente. Não somos capazes de ter a ideia exata do sabor de um abacaxi, diz Hume, sem nunca termos antes experimentado a fruta. Portanto, está clara a forte dependência de nossas ideias em relação às impressões correspondentes: não podemos ter uma ideia sem antes termos tido a impressão correspondente.

Há apenas um caso digno de nota que Hume (2000, p. 29-30) aponta como um possível contraexemplo à tese de que as ideias simples sempre derivam das impressões correspondentes, e esse caso envolve cores.

Imagine alguém diante de um espectro de luz visível, com diferentes tonalidades da mesma cor. Essa pessoa jamais teve contato com essa cor antes. Agora imagine que nesse espectro estejam faltando certas tonalidades, de modo que a passagem de uma tonalidade para a outra seja abrupta a ponto de a pessoa ser capaz de perceber que está faltando algo naquele espectro. Como isso é possível? Como alguém que jamais teve contato com certa tonalidade de cor, ou mesmo com aquela cor em específico, pode saber que falta algo ali e ser sensível a uma maior distância entre as tonalidades? Hume crê, desse modo, que esse exemplo serve para mostrar que nem sempre nossas ideias simples são acompanhadas das impressões. Mesmo assim, esse é o único contraexemplo, e talvez não seja exatamente digno de fazer-nos abandonar a tese de que nossas impressões simples sempre antecedem as ideias correspondentes.

Feita a distinção entre nossas ideias simples e complexas, e depois de mostrada a diferença entre elas, podemos proceder a uma investigação sobre as associações entre ideias que permitem o nosso conhecimento do mundo e das associações entre ideias na poesia e na literatura. Embora sejamos capazes de separar e combinar nossas ideias simples do modo que quisermos, devemos reconhecer que há uma ordem regular aos nossos pensamentos. Se as ideias ocorressem a nós de modo completamente desordenado, então todos os nossos pensamentos seriam desconexos ou sequer teríamos quaisquer pensamentos. Imagine se a cor, o aroma e o sabor de uma maçã não estivessem organizados em uma única ideia complexa de *maçã*? Nós sequer seríamos capazes de pensar em um objeto qualquer como uma maçã nem estaríamos aptos a pensar coerentemente.

Hume (1973, 2000) afirma que há um vínculo, ou uma união secreta, entre nossas ideias particulares promovido por uma operação da mente que as une mais frequentemente e que faz com que certa ideia seja trazida com base na ocorrência de outra. Em outras palavras, quando vemos fumaça, logo nos vem à mente a ideia de fogo, assim a imagem do primeiro elemento é trazida pela mente por sua conexão com a ideia referente ao segundo. Essa conexão que a mente opera entre duas ideias, trazendo uma à tona em decorrência da outra, consiste em uma espécie de habilidade para associar certas ideias. Essa associação não é uma conexão inesperada, é um fenômeno de acordo com o qual determinada força exerce a introdução natural de uma ideia por meio da ocorrência de outra.

David Hume foi o primeiro filósofo a classificar e enumerar as formas de acordo com as quais se dão as conexões entre nossas ideias, os princípios de associação entre elas. O filósofo identifica três princípios de associação: **semelhança, contiguidade (ou proximidade) no tempo e no espaço e causalidade (ou causação)**. Quando alguém nos mostra uma foto de nosso melhor amigo, nós naturalmente pensamos nele porque a imagem da foto se **assemelha** a ele. Quando somos lembrados de algo que aconteceu em 2014, como as eleições, podemos lembrar também da Copa do Mundo ocorrida no Brasil, porque esses dois eventos estão próximos no tempo. Quando pensamos em uma biblioteca, quase invariavelmente pensamos em livros, pois esses dois objetos estão sempre **contíguos** no espaço. Desses três princípios associativos, a causalidade é o mais forte e o único que nos leva para além dos nossos sentidos. Ela estabelece ligações entre nossas experiências do presente e do passado e cria conexões com as nossas expectativas sobre o futuro.

De acordo com Hume (2000), todos os nossos raciocínios concernentes a questões de fato parecem ser fundados na relação de **causa** e **efeito**. Se, no passado, a minha dor de cabeça aliviou quando tomei aspirina, eu espero que, no futuro, o mesmo venha a ocorrer ao tomar outra aspirina. Hume também deixa claro que a causação é o princípio associativo menos compreendido.

Assim como a lei da gravitação universal de Newton, os princípios associativos de Hume eram originais na época em que o filósofo os concebeu e, assim, eles não poderiam ser explicados de modo mais profundo a não ser com imagens e analogias. Para Hume, os princípios associativos devem ser compreendidos, de modo geral, de acordo com as qualidades originais da natureza humana, o que o autor não pretende explicar. O pensador britânico acredita que, fazendo isso, tal movimento nos levaria para além da experiência, o que vai totalmente contra a metodologia empregada na investigação proposta. O filósofo não tenta explicar por que associamos ideias da maneira como associamos – ele está interessado apenas em estabelecer que, como uma questão de fato, nós associamos ideias desse modo. Dado que é empírica sua afirmação de que os princípios associativos explicam operações importantes da mente, Hume deve admitir que não pode provar conclusivamente que sua lista de princípios associativos é completa. Talvez o filósofo tenha negligenciado alguns princípios adicionais, mas, sem dúvida, os princípios que apresentou são, de fato, os princípios mais básicos pelos quais a mente opera.

4.3
Crítica de Hume à necessidade metafísica

Depois de apresentados os princípios fundamentais com base nos quais o pensamento humano funciona, podemos evidenciar de que maneira especificamente a crítica de Hume à necessidade se desenvolve. Vimos que o principal aspecto dos princípios metafísicos se deve ao fato de eles ultrapassarem a experiência sensível e se posicionarem como conhecimento necessário. Entretanto, antes de adentrarmos explicitamente na crítica de Hume à necessidade metafísica, alguns esclarecimentos de ordem pedagógica são necessários a fim de tornar mais precisa a discussão em causa.

Em primeiro lugar, é importante esclarecermos que as noções de *necessidade* e *contingência* não são noções epistêmicas, modos de conhecimento, mas modos da própria verdade, por isso as modalidades atualmente são chamadas de *modalidades aléticas*. O termo *alética* deriva da palavra grega *aletheia*, que significa "verdade"; assim, *modalidade alética* expressa o modo em que uma proposição é verdadeira.

Quando dizemos que uma proposição é necessária? Basicamente, quando ela não poderia ter sido falsa. Já uma verdade é contingente quando ela poderia ter sido falsa. Exemplos de verdades ou proposições necessárias incluem: **verdades lógicas** ("se a neve é branca, é branca"); **verdades da matemática** ("$2 + 2 = 4$"); e **verdades conceituais** ("todo solteiro é não casado"). Já as verdades contingentes incluem: **verdades históricas** ("Platão era grego"); e **verdades geográficas** ("no Chile, há um deserto imenso").

Agora podemos apresentar o argumento de Hume. Este se baseia fortemente na relação entre modalidade epistêmica e modalidade alética: sé é possível conceber a verdade de uma proposição, então essa mesma proposição é possível; se não podemos conceber a verdade de uma proposição, então ela não é possível. E, ao contrário, se não é possível conceber a falsidade de uma proposição, então ela é necessária; se podemos conceber a falsidade de uma proposição, então ela é contingente.

A tese central de Hume é a de que todas as verdades sobre os fatos são contingentes, até mesmo aquelas verdades metafísicas que envolvem fatos. Apenas as relações entre ideias são necessárias. O filósofo inclui nas relações entre ideias as verdades da lógica e da matemática, e nas relações ou questões de fato, as relações entre eventos. Desse modo, se é possível pensar a negação de uma verdade de fato, então o contrário daquela verdade de fato ainda é possível:

> *O contrário de cada questão de fato é ainda possível; uma vez que ela nunca pode implicar uma contradição, e é concebida pela mente com a mesma facilidade e distinção como se ela se conformasse à realidade. Que o sol não irá nascer amanhã não é uma proposição menos inteligível, e não implica nenhuma contradição a mais, do que ele nascerá.* (Hume, 1973, p. 21)

Assim, para Hume, todas as proposições da ciência e os princípios da filosofia são contingentes, pois sempre é possível pensar o contrário de uma questão que a lei da ciência e o princípio da filosofia envolvem. Por exemplo: o princípio de causalidade – podemos imaginar que, no exemplo sobre o jogo de bilhar, a bola colorida não se move quando a bola branca a atinge, ou, ao contrário, que o próprio efeito é a causa e a causa é o efeito, ou, ainda, que o efeito ocorreu antes da causa, o que fere violentamente o princípio. Outros exemplos, dessa vez extraídos da química, são: "a água é H_2O, mas poderia não o ser" e "o peso atômico do ouro é 196,96654, mas poderia não o ser".

A principal característica da concepção de verdade humeana é que apenas proposições que afirmam relações entre ideias podem ser necessárias, nesse caso, as proposições da lógica e da matemática, posto que, ao pensarmos o contrário de uma verdade lógica e o contrário de uma verdade matemática, invariavelmente incorremos em contradições. A maior consequência do estabelecimento desse raciocínio é que todas as verdades necessárias são analíticas*, ou seja, verdades necessárias por

---

*   *Proposições analíticas* são proposições verdadeiras em virtude do seu significado; uma grande parte delas pode ser conhecidas *a priori*.

definição ou estipulação. Se estipularmos que 1 + 1 = 2, então, necessariamente, 2 = 2 ou 3 + 1 = 4; se estipularmos que solteiro é um homem que nunca casou, necessariamente, "nenhum solteiro é casado". Basta pensarmos no significado de "solteiro" e "não casado" para concluirmos a verdade de "nenhum solteiro é casado".

4.4
A contundência das críticas de Hume à noção de necessidade

O filósofo Saul Kripke (2012), em seu livro *O nomear e a necessidade* observou, que nem todas as verdades necessárias são analíticas. O caso apresentado por Kripke leva em consideração um exemplo utilizado por Frege, que envolve uma descoberta antiga sobre dois supostos corpos celestes, a Estrela Matutina e a Estrela Vespertina. A descoberta foi a de que esses dois conhecidos corpos eram, na verdade, um único corpo celeste, que hoje conhecemos como o planeta Vênus. Em outras palavras, o que foi descoberto pelos gregos antigos foi que a Estrela Matutina é a Estrela Vespertina e, portanto, trata-se de uma identidade, uma sentença da forma $a = b$.

E o que dizer sobre a identidade? Ela é um dos princípios filosóficos mais antigos, e muito já foi explanado a respeito desse fundamento. Para Aristóteles (1924), é um princípio evidente por si mesmo e não podia ser deduzido de outros princípios. Já para Hume, é um princípio derivado da experiência, como toda forma de conhecimento. Hoje, a identidade é considerada como um axioma da lógica clássica. Contudo, o que realmente é importante é o fato de ela ser ou não um princípio necessário. Embora Hume conceba a identidade intrinsecamente comprometida com a experiência e, portanto, contingente, de acordo com o que o filósofo já havia proposto, podemos talvez pensá-la de um modo diferente. Vamos propor aqui algo que chamaremos de *O teste de Hume*, que consiste em um teste aplicável a relações, ideias ou proposições para saber se elas são ou não necessárias. Essa atividade consiste basicamente em pensar a negação de uma ideia, relação ou proposição; se o resultado for uma contradição, então se trata de uma ideia, relação ou proposição necessária; caso contrário, é apenas contingente.

Portanto, vamos aplicar o princípio então a uma proposição de identidade como "Sócrates é idêntico a Sócrates". Podemos entender ou representar uma situação na qual um objeto não é idêntico a si mesmo? Caso seja possível, como esse processo se daria? Em que consiste um objeto não ser igual a si mesmo? Podemos facilmente conceber, por exemplo, Sócrates como um soldado em vez de um filósofo, ou como alguém que não foi mestre de Platão, ou, para sua sorte, o homem que nunca se casou com Xantipa. Essas propriedades atribuídas a Sócrates são todas contingentes – podemos verificá-lo aplicando o próprio princípio de Hume. No entanto, podemos imaginar uma situação ou um mundo possível onde Sócrates não era idêntico a si mesmo? Obviamente, não. Por mais que nos esforcemos, é um contrassenso imaginar um objeto idêntico a si mesmo. Portanto, isso é impossível. Embora David Hume negue isso, o filósofo, de acordo com seu próprio princípio, deveria aceitar, pois negar o princípio de identidade nos dá, sim, uma contradição. Logo, necessariamente, todo objeto é idêntico a si mesmo.

Voltemos agora ao exemplo usado por Frege e Kripke, a identidade "a Estrela Matutina é idêntica à Estrela Vespertina". Qual é o caráter peculiar desse exemplo? Em primeiro lugar, trata-se de uma identidade, sendo, portanto, necessária. No entanto, é diferente a afirmação "Sócrates é Sócrates", cuja verdade podemos acessar simplesmente pensando, e de modo *a priori*, não somos capazes de acessar a verdade de "a Estrela

Matutina é a Estrela Vespertina" apenas com base nos significados das expressões envolvidas analiticamente. A verdade de "a Estrela da Manhã é a Estrela da Tarde" não pode ser descoberta *a priori*, pois foi exigida muita investigação empírica* e, portanto, *a posteriori*, para que os povos antigos constatassem que aquela estrela (hoje sabemos tratar-se de um planeta), que aparece nas primeiras horas da manhã, era a mesma estrela que aparecia nas primeiras horas da tarde. Aceitar que existem identidades que podem ser descobertas nos incita a aceitar uma nova classificação de proposições necessárias *a posteriori*.

Esse é considerado, nos dias atuais, um forte contraexemplo à crítica de Hume, e deu à metafísica um sobrefôlego extremamente importante para trazer à tona o debate e revitalizar as forças dos argumentos em prol da necessidade metafísica. No próximo capítulo, vamos ver justamente esse esforço: uma discussão cujo objetivo é fundamentar a necessidade metafísica e o entendimento das modalidades, uma discussão de natureza metafísica por excelência. Vamos ver também, com base na lógica, especialmente por meio da semântica dos mundos possíveis, como todo um campo de estudos se abriu, dando espaço para um momento na história da filosofia poucas vezes visto, no qual a metafísica novamente tomou lugar de destaque, com a força persuasiva de argumentos de filósofos proeminentes.

---

* É uma investigação sobre a natureza a fim de determinar que a Estrela da Manhã seja a Estrela da Tarde. Uma investigação empírica envolve os fatos, diferentemente de uma investigação da matemática, por exemplo, que não os envolve.

Síntese

Neste capítulo, apresentaremos uma das críticas mais contundentes à metafísica clássica: a crítica humeana à causalidade e à necessidade. Aprendemos que a estratégia de Hume se dá em dois momentos: no primeiro, o filósofo aponta para o fato de a necessidade não ser um fenômeno observável; no segundo, o pensador caracteriza a necessidade como um fenômeno psicológico que tem sua origem na natureza da mente humana. De acordo com Hume, não podemos conhecer a necessidade dos princípios da filosofia nem das proposições da ciência porque não temos experiência dela – para termos uma experiência da necessidade de um princípio ou uma lei, deveríamos ser capazes de observar todas as ocorrências dos fatos que a lei ou o princípio abrange no passado e no futuro. Porém, apenas Deus, se ele existir, pode ter acesso a tal coisa. A necessidade como fenômeno psicológico tem seu fundamento no fato de que a mente opera aproximando certas ideias sempre de acordo com três princípios básicos: a semelhança, a contiguidade temporal e espacial e o princípio de causalidade. Esses três princípios explicam por que acreditamos que o Sol irá nascer todas as manhãs ou por que a água sempre irá entrar em ebulição quando atingir 100 °C. Por fim, vimos como é possível responder às críticas humeanas e recuperar a legitimidade do conceito de *necessidade* com base na filosofia de Saul Kripke e em conceitos necessários *a posteriori*.

Indicação cultural

Vídeo

BOLZANI FILHO, R. **Empirismo e ceticismo:** David Hume. 18 out. 2013. Disponível em: <https://www.youtube.com/watch?v= PwzuU1_BUIA>. Acesso em: 6 jul. 2015.

No vídeo indicado, que apresenta Roberto Bolzani Filho, Prof. Dr. de História da Filosofia Antiga da Universidade de São Paulo (USP), você pode analisar a filosofia de Hume e sua crítica ao conhecimento metafísico.

Atividades de autoavaliação

1. A crítica de Hume recai sobre qual âmbito da filosofia?
   a) Epistemologia.
   b) Ontologia.
   c) Pragmatismo.
   d) Metafísica.

2. Qual questão Hume tenta responder e que dá origem à sua crítica à metafísica?
   a) O que é o homem?
   b) O que são universais?
   c) Qual é a natureza da linguagem?
   d) O que posso conhecer?

3. Qual é o diagnóstico da metafísica apresentado por Hume?

   a) Imensa sensação de incerteza e ampla discordância entre seus praticantes.

   b) Evolução constante e retrocesso nulo.

   c) Acúmulo de conhecimento.

   d) Produção de conhecimento certo e seguro.

4. Qual é a fonte de todo o conhecimento humano de acordo com Hume?

   a) Nossas ideias inatas.

   b) A razão humana.

   c) A experiência.

   d) O acesso ao mundo das ideias.

5. A que tipo de ideia Hume se posiciona contra?

   a) Às ideias transcendentais.

   b) Ao conhecimento contingente *a priori*.

   c) Às ideias primárias.

   d) Às ideias inatas.

6. O que devemos conhecer a fim de operar avanços e melhoramentos em uma ciência?

   a) A natureza humana.

   b) A verdade.

   c) A matemática.

   d) A lógica.

7. De acordo com Hume, quais são os dois gêneros de percepções da mente?

   a) Objeto e predicado.

   b) Ideia e atributo.

c) Sensação e ideia.

d) Representação e objeto.

8. Para Hume, existem conexões necessárias de apenas um tipo. Qual é?

a) Entre eventos.

b) Entre objetos.

c) Entre leis da natureza.

d) Entre ideias.

9. Quais são os três princípios que relacionam as ideias na mente?

a) Identidade, causalidade e contiguidade.

b) Contiguidade no tempo e no espaço, causalidade e abstração.

c) Contiguidade no tempo e no espaço, causalidade e semelhança.

d) Identidade, semelhança e causalidade.

10. Qual é o tipo de proposições apresentado por Frege e Kripke e que aponta para uma objeção à Hume?

a) Contingentes *a priori*.

b) Analíticas.

c) Sintéticas *a priori*.

d) Necessárias *a posteriori*.

Atividades de aprendizagem

Questões para reflexão

1. Hume se posiciona contra qual conceito filosófico?

2. Qual é o único contraexemplo à tese de que ideias simples derivam de impressões correspondentes?

3. Quais são os três princípios que relacionam ideias simples na mente?

4. Entre aqueles princípios responsáveis por unir as ideias na mente, qual é o principal e que é responsável pela produção do conhecimento científico?

5. Reflita sobre as proposições necessárias *a posteriori* e cite em exemplos.

Atividade aplicada: prática

1. Pesquise, reflita e escreva um pequeno ensaio sobre as relações entre metafísica e ciência. Opine com base nas informações que você levantou e discuta se a metafísica pode ou não auxiliar a ciência e explique o porquê.

5
Necessidade, possibilidade e contingência na metafísica contemporânea

Há verdades necessárias? As proposições da ciência e os princípios da filosofia são verdades necessárias? Se são, então em que consiste a necessidade que atribuímos a elas? Seria a necessidade uma característica das leis da natureza? Neste capítulo, vamos estudar o debate entre realistas e céticos acerca da realidade dos conceitos de necessidade, *especificamente sobre o problema da existência de mundos possíveis, conceito-chave para o entendimento dos conceitos de* necessidade, possibilidade, contingência *e* impossibilidade.

5.1
A metafísica da modalidade

A metafísica da modalidade consiste em uma investigação sobre o caráter necessário e possível das coisas. Essa atividade se caracteriza pela dedicação ao estudo de problemas filosóficos relacionados a questões sobre necessidade e contingência. Por exemplo: se, entre as propriedades de um objeto particular, algumas delas são essenciais ou necessárias a ele, em detrimento de propriedades puramente acidentais ou contingentes; ou, se há conexões necessárias entre eventos, a relação não é fruto do mero acaso e, portanto, as proposições da ciência descrevem leis necessárias.

O estudo sobre modalidades é bastante antigo na filosofia. Aristóteles, nos *Primeiros analíticos*, capítulos VIII a XXI, já havia feito considerações sobre silogismos necessários. Hume (1973, p. 39) defendeu que todas as verdades empíricas são contingentes e, dessa forma, não poderia haver conexões necessárias entre objetos particulares e entre eventos: "O contrário de cada questão de fato é ainda possível; pois ela nunca implica uma contradição [...]".

No entanto, atualmente, o debate sobre modalidades é altamente influenciado, segundo Fine (2005, p. 1), por duas visões extremas e altamente implausíveis:

> A primeira delas, que está associada ao nome de Quine, diz que noções modais carecem de sentido. Não há uma distinção inteligível entre o que é necessariamente e o que é contingentemente o caso, ou entre as características essenciais e acidentais de um objeto. A segunda delas está associada ao nome de David Lewis, é que o possível e o atual formam um par ontológico. Outros mundos possíveis e seus habitantes são tão reais quanto o mundo atual e seus habitantes; e não há diferença entre eles nem em consideração ao grau e nem ao tipo de realidade que eles possuem.

A primeira visão, aquela associada ao nome de Willard van Oman Quine, implica tomar o discurso modal como ininteligível, uma vez que as noções modais carecem de sentido. Advérbios modais como *necessariamente* e *possivelmente* estabelecem contextos opacos, ou seja, que não permitem substituição *salva veritate** de termos singulares correferenciais que ocorrem nesses contextos. A outra visão, associada ao nome de David Lewis, considera o discurso modal como factual e irredutível.

> *Discurso modal* consiste em todos os conjuntos de expressões e sentenças ou frases que envolvem algum dos conceitos modais citados, como "necessidade", "possibilidade", "contingência" e "impossibilidade". Formam o discurso modal, assim, frases como "Sócrates é necessariamente racional", "Aristóteles é contingentemente um filósofo" e "as leis da ciência são metafisicamente necessárias".

Aquilo que é meramente possível tem o mesmo *status* ontológico daquilo que é atual. Isso acontece, de acordo com a segunda visão, quando a modalidade é interpretada em termos de mundos possíveis, que, para Lewis, são entidades concretas, tão reais quanto nós ou "tudo aquilo ao nosso redor". De acordo com essa visão, há uma infinidade de *possibilia* (contrapartes), objetos que não existem no mundo atual, mas em outros mundos possíveis.

Há, ainda, uma terceira forma de compreender o discurso modal como factual, mas redutível a um discurso que não envolve referência

---

* Substituição *salva veritate* é quando substituímos uma expressão por outra diferente dentro de uma frase, sem tornar essa frase falsa, isto é, salvaguardando sua verdade. Por exemplo: "Cícero foi um filósofo". Essa é uma frase verdadeira que tem Cícero como um de seus componentes. Se trocarmos o nome "Cícero" por "Túlio", que se refere ao mesmo indivíduo, obtemos "Túlio foi um filósofo".

à *possibilia**. Essa visão é chamada de *atualismo* – a visão de que "tudo que existe (tudo que é) é atual", ou seja, não há coisas que não existem.

Porém, há um problema para o atualista: proposições modais verdadeiras aparentemente *de re* (da coisa envolvendo meros *possibilia*. Se não há nada que não exista, então o que deve competir para a verdade dessas proposições? O que irá contar como *truthmaker* (aquilo que torna verdadeira) essa proposição? Como o discurso modal é interpretado de acordo com mundos possíveis, o desafio do atualista é duplo: oferecer uma abordagem de **mundos** e **objetos possíveis** em termos de entidades atuais.

A grande motivação do atualismo é apresentar uma caracterização que dê conta de explicar os fenômenos modais, isto é, aquilo que é necessariamente ou contingentemente o caso, dentro de um espaço lógico que contém apenas entidades atuais. O possibilismo explica os fenômenos modais dentro de um espaço que contém aquilo que existe e coisas que não existem, ou seja, o domínio dos indivíduos que "preenchem o universo" é formado não apenas por indivíduos ou objetos atuais, mas também por objetos meramente possíveis. Ora, qual é a legitimidade de uma teoria que apela a entidades assumidamente inexistentes a fim de explicar um caráter do mundo real, daquilo que existe? A teoria de Lewis tem tanto sucesso em explicar certos fenômenos modais com seu pluralismo de mundos possíveis quanto alegorias mitológicas do passado tinham poder de explicar fenômenos naturais apelando a deuses e forças místicas. Em virtude desse aspecto, como podemos perceber, a discussão acaba se voltando para a análise que cada autor propõe acerca das noções centrais desse debate, **mundos** e **objetos possíveis**.

---

* *Possibilia* são objetos meramente possíveis que poderiam ter existido, como o irmão gêmeo de Platão, que não teve nenhum irmão gêmeo no mundo atual, mas poderia ter tido um.

David Lewis, em sua obra *Counterfactuals*, apresentou um elegante argumento em favor da existência de mundos possíveis*:

É incontroversamente verdadeiro que as coisas poderiam ter sido diferentes de como elas são. Eu acredito, assim como você, que as coisas poderiam ter sido diferentes em incontáveis modos. Mas o que isso significa? A linguagem ordinária permite a paráfrase: há muitos modos como as coisas poderiam ter sido ao lado do modo como elas atualmente são. Em virtude disso, essa sentença é uma quantificação existencial. Ela diz que existem muitas entidades de um certo tipo, modos como as coisas poderiam ter sido. Eu acredito que as coisas poderiam ter sido diferentes em incontáveis modos. Eu creio em paráfrases permissíveis daquilo que eu acredito. Tomando essa paráfrase em seu valor real, eu assim acredito na existência de modos como as coisas poderiam ter sido. Eu prefiro chamá-las de mundos possíveis. (Lewis, 1973, p. 84)

O argumento de Lewis funciona com uma espécie de apelo a uma prática comum desenvolvida pela maioria de nós no dia a dia: o uso de nossa capacidade de pensar contrafactualmente. Qualquer um é capaz de conceber uma situação diferente daquela em que se encontra. É inegável a atribuição dessa faculdade a qualquer um que seja; esse raciocínio é a base para a tomada de decisões em praticamente todos os âmbitos de nossa vida pessoal e social. Nesse sentido, na medida em que o uso dessas atribuições exige que sejamos capazes de discernir situações distintas em relação às quais algo poderia ou não ser o caso, na medida em que quantificamos essas situações contrafactuais, é como se estivéssemos compelidos a assumir sua existência, a existência de modos como as coisas poderiam ter sido.

A noção de mundos possíveis é considerada importante por muitos filósofos para a compreensão de conceitos e distinções no debate filosófico

---

* Esse argumento é neutro em relação à abordagem de Lewis da natureza dos mundos possíveis. Além disso, é aceito por inúmeros filósofos.

recente. Por um lado, essa abordagem representa um artifício valioso na concepção de teses e distinções em inúmeros temas de filosofia como modalidades, permitindo um tratamento quantificacional da necessidade e da possibilidade: uma proposição P é **possível** se, e somente se, ela é verdadeira em pelo menos um mundo possível; **necessária** se, e somente se, ela é verdadeira em todos os mundos possíveis. Se permitirmos uma distinção metafísica mais precisa entre propriedades essenciais e acidentais: uma propriedade F é essencialmente possuída por um objeto X se, e somente se, X tem F em todos os mundos possíveis em que X existe; uma propriedade P é acidentalmente possuída por um objeto X se, e somente se, X tem P em algum mundo possível, e, em algum outro mundo distinto, X careça de P.

> Em filosofia da linguagem, *mundos possíveis* são empregados na definição de rigidez de uma expressão: uma expressão é rígida se, e somente se, ela designa o mesmo objeto em todos os mundos possíveis em que ele existe.

A vantagem que locuções como "ser verdadeira em pelo menos um mundo possível", "o ter F de x, em todos os mundos possíveis em que X existe" e "designar o mesmo objeto em todos os mundos possíveis" têm é a de possibilitar um tratamento mais rigoroso para as relações lógicas que as frases desse discurso mantêm entre si, permitindo assim constatar certas propriedades desse discurso, como ser válido.

Por outro lado, o discurso dos mundos possíveis levanta sérias suspeitas acerca do seu *status* ontológico: não há um consenso sobre que tipo de entidades são mundos possíveis. Devemos apontar, como mostrado por Van Inwagen (2001, p. 208), que os mundos possíveis de David Lewis são, de acordo com a passagem citada, uma variante estilística heuristicamente útil para "modos como as coisas poderiam ter sido". Isso, da perspectiva da visão tradicional de que "um modo" é algo diferente daquilo que, por exemplo, "é daquele modo", é um erro. Um modo é algo como uma característica. Não faz sentido identificar coisas que têm certa característica com a própria característica. Lewis comete esse erro, confundindo modos (estados de coisas) com as próprias coisas.

Como Imaguire (2010, p. 179) apontou:

A passagem citada de Lewis [...] é um paradigma para outra tensão típica nas discussões contemporâneas da noção de mundo possível. Lewis começa com "modos como as coisas poderiam ter sido", e termina identificando-os com "mundos" ou "entidades" que realmente são. Porém, modos são modos (lembrando o latim: modus); e coisas são coisas. De modo menos trivial: coisas não são modos, e modos não são coisas, mas modus de coisas.

Lewis passa abruptamente de intensões* puras para extensões puras. Essa certamente é uma dificuldade que ele enfrenta: não está claro que entidades intensionais possam ser tratadas como entidades extensionais. Ainda que conjuntos sejam entidades extensionais, e possamos tratar, dessa maneira, as entidades intensionais como conjuntos, não é algo evidente que esse seja um caminho seguro. Um indivíduo não é um mero feixe de propriedades (Imaguire, 2010).

Seguindo a distinção tradicional entre as concepções de mundos possíveis**, nós temos, de um lado, os **abstracionistas**, que assumem a visão intensional de mundos, isto é, como modos; e, do outro lado,

---

* Em discussões em filosofia da linguagem e metafísica contemporânea, usam-se muito as expressões *intensional* e *extensional*, com a letra *s* em vez de *c*, para representar a referência de uma expressão (extensão) e o significado de uma expressão (intensão).

** Para mais informações, conferir Stalnaker (1976) e Imaguire (2010).

temos os **concretistas**, que assumem a visão extensional de mundos possíveis como entidades concretas, como o universo em que vivemos. O mais proeminente defensor da visão extensional de mundos possíveis é David Lewis. Do outro lado da disputa encontram-se Alvin Plantinga, Robert Stalnaker, Robert Adams, Saul Kripke, Nathan Salmon, entre outros. Cada um desses autores entende *mundos possíveis* como uma entidade abstrata maximal de algum tipo: como conjuntos consistentes maximais de proposições que poderiam ter sido verdadeiras ao mesmo tempo (Robert Adams); como situações maximais que poderiam ter ocorrido (Saul Kripke); como estados totais que o cosmos poderia ter tido (Robert Stalnaker); como estado de coisas maximal que poderia ter ocorrido (Alvin Plantinga); e como cenários maximais que poderiam ter se realizado (Nathan Salmon).

Certamente, há vantagens e desvantagens em cada lado da disputa. É frequentemente alegado que a visão intensional de mundos possíveis, que Lewis chama de *ersatz possible worlds*, não oferece recursos filosoficamente satisfatórios para a análise a que eles se propõem. A aceitação de mundos possíveis construídos com base em entidades intensionais, como estados de coisas ou proposições, obriga-nos a afirmar que o mundo em que vivemos, com tudo ao nosso redor, não é o mundo atual; este é certa entidade maximal (abstrata), que representa tudo que é o caso.

> *Maximal* é um conceito lógico-matemático que significa ou representa um conjunto de proposições tal que, para toda proposição P, ou esse conjunto maximal contém P, ou contém não P. Dito de outro modo, um conjunto de proposições é maximal se ele contém todas as proposições, sem envolver contradições.

No entanto, algo diametralmente oposto pode ser afirmado da doutrina de Lewis, ou seja, o mundo em que nós vivemos, embora seja para nós o mundo atual, não é o único mundo possível que pode receber esse título. Segundo Lewis (1973), a expressão *atual* deve ser analisada conforme uma expressão indexical*: digamos que E seja a expressão *atual* e X uma variável sobre mundos possíveis; então, E se refere a X em w = DF** – se W for atual, então E se refere a X. De acordo com Lewis, essa análise se segue de duas características de sua doutrina: de que mundos possíveis são entidades concretas e de que os objetos possíveis são irrepetíveis por meio dos mundos (que estão relacionados ou existem apenas em um mundo (*world-bound*)); cada objeto existe em apenas um mundo possível, ou ainda nenhum objeto existe em mais de um mundo possível. Na medida em que cada objeto está relacionado com apenas um mundo, aquele mundo para ele será o mundo atual.

Entretanto, as mesmas características que permitem a Lewis oferecer uma abordagem sistemática da modalidade traem o filósofo no principal aspecto de sua abordagem: ser um realismo modal. David Lewis olha apenas para uma das partes do conceito *realismo modal*, o realismo. Uma das principais características da noção de *realismo modal* consiste em que seus defensores, em alguma medida, acreditam que a necessidade e a possibilidade correspondem a algum caráter da realidade, isto é, existe alguma característica da realidade responsável por tornar algo necessariamente ou contingentemente o caso.

De acordo com os realistas modais, para algo ser necessariamente o caso, este tem de ser o caso em todos os mundos possíveis. Uma vez que todos os mundos possíveis existem (em algum sentido de existência), ou seja, na medida em que são uma parte do real, há algo na realidade

---

*   Que tem um significado diferente em cada contexto distinto. Nesse caso, *atual* se refere sempre ao mundo possível no qual essa expressão é pronunciada.

**   "= DF" significa "igualdade e definição", ou seja, o que está à direita não é apenas igual ao que está à esquerda, mas também o define.

que está por trás dos nossos conceitos modais. Nesse sentido, apenas Lewis é um realista modal: há algo na realidade que torna proposições necessárias verdadeiras, em particular a pluralidade dos mundos possíveis e dos objetos que compõem esses mundos. Diferentemente, de acordo com sua própria doutrina, Plantinga também esposa uma versão do realismo, para a qual os mundos possíveis (só que agora com outra interpretação da noção) desempenham o caráter da realidade que confere verdade ou falsidade às proposições modais.

Contudo, como vimos, há uma diferença crucial entre as noções de mundos possíveis de Lewis e Plantinga. Ambos se consideram realistas modais, embora um não considere o outro do mesmo modo. Isso ocorre em virtude de haver um profundo desacordo na maneira como esses estudiosos concebem a natureza de mundos possíveis, extensional e intensionalmente.

Vamos examinar melhor as razões pelas quais cada um se recusa a classificar o outro como um realista modal. Lewis considera a semântica de Plantinga uma teoria linguística (*ersatz theory*). Lewis trata as entidades básicas de Plantinga como entidades meramente linguísticas. Para Lewis, Plantinga se vale da necessidade impressa nas definições e nas regras gramaticais de sua semântica.

Plantinga define o realista modal como alguém que assere que há tais coisas como mundos possíveis, e para qualquer estado de coisas S, S é possível se, e apenas se, existe um mundo possível que inclui ou implica S.

140

> Um estado de coisas é uma entidade abstrata, pois esta pode ocorrer ou não, como o estado de coisas de estar chovendo agora no Deserto do Saara – esse estado de coisas existe independentemente de estar chovendo na região citada, no entanto ele pode ocorrer (estar chovendo, de fato, agora, no Deserto do Saara) ou não. A existência de um estado de coisas não implica sua ocorrência.

No entanto, um mundo possível para Plantinga é um estado de coisas maximal. Assim, seu uso do termo é completamente diferente do de Lewis. Este afirma a existência de mundos possíveis em certo sentido do termo, mas esses mundos não são estados de coisas possíveis maximais. Os mundos possíveis de Lewis não implicam proposições (Chihara, 2002), pois não são entidades abstratas. Então, nesse sentido, Plantinga não vê Lewis como um realista modal basicamente em virtude do estilo de redução proposto por Lewis ser tal que as noções modais são analisadas em termos não modais. Para algo ser **necessariamente** ou **contingentemente o caso**, não deve haver qualquer distinção qualitativa daquilo ser **simplesmente o caso**. Portanto, nesse sentido, Lewis não é um realista modal.

5.2
Distinção de dicto/de re

As atribuições modais, que são construídas com operadores modais ou com advérbios de necessidade, podem ser de duas formas: *de dicto* (daquilo que é dito) ou *de re* (da coisa). Uma atribuição *de dicto* consiste naqueles casos em que a necessidade é atribuída a um *dictum,* ou seja, a uma frase. Já uma atribuição *de re* diz respeito aos casos nos quais ao operador modal é atribuído a uma coisa, que não é nem um *dictum*, nem uma proposição, mas uma *res*.

Basicamente, essa distinção tem raízes na ideia de que há uma diferença significativa entre, por um lado, conceber necessariamente uma proposição verdadeira em cada circunstância ou mundo possível, e, por outro, conceber um objeto ou indivíduo necessariamente de certo modo, isto é, um objeto que tem certo atributo ou propriedade em cada circunstância possível.

A distinção *de dicto/de re* é fundamental para o raciocínio modal e, consequentemente, para a reflexão filosófica. Isso se dá uma vez que esse recurso garante a validade de argumentos que envolvam conceitos de necessidade e possibilidade e, sobretudo, porque ele garante ao menos a inteligibilidade de teses como o **essencialismo** (tese segundo a qual alguns dos atributos de um objeto são essenciais a ele, independentemente da linguagem na qual esse objeto é referido).

Se ignorarmos a distinção entre modalidades *de dicto* e modalidades *de re*, inevitavelmente perderemos um elemento-chave para distinguir argumentos modais *válidos* de *inválidos*. Vejamos os seguintes exemplos, adaptados de Willian Kneale (1962):

1. Cada ser humano é necessariamente racional.
2. Cada animal nesta sala é humano.
3. Logo, cada animal nesta sala é necessariamente racional (*de re*).

Esse argumento é claramente válido, o que já não acontece com o argumento a seguir:

1a. Cada ser humano é necessariamente racional.
2a. Cada animal nesta sala é humano.
3a. Logo, necessariamente cada animal nesta sala é racional (*de dicto*).

O primeiro argumento (1 a 3) é reconhecidamente válido. O que garante isso é a leitura *de re* da conclusão (3), pois ela atribui, a cada um dos indivíduos da sala, no momento pertinente ao proferimento da proposição, a propriedade de ser necessariamente racional. Cada *res* presente na sala é necessariamente racional. Já no segundo caso (3a), em que a necessidade é atribuída não a cada um dos indivíduos referidos pela proposição, mas à proposição mesma, a conclusão é falsa. Nesse caso, a frase declarativa "necessariamente, cada animal nesta sala é racional" não é verdadeira, pois poderia ser o caso de existir alguma criatura não racional, justamente o oposto daquilo que afirma (3a).

Especificamente, a distinção semântica relevante entre (3) e (3a) para a avaliação das proposições é basicamente que, em (3), a referência da expressão "cada animal nesta sala" está subordinada a uma interpretação livre do escopo do advérbio de necessidade*. Assim, "cada animal nesta sala" adquire uma extensão em relação ao mundo atual, aos animais que atualmente estão na sala. Desse modo, a propriedade "ser necessariamente racional" é atribuída a cada objeto pertencente à extensão (atual) de "animais nesta sala". Já em (3a), a conclusão não se segue das premissas, pois a referência da expressão "cada animal nesta sala" está sob o escopo do advérbio modal de necessidade e, principalmente, por não se tratar de uma expressão rígida, pode adquirir valores semânticos distintos em diferentes circunstâncias.

Na linguagem dos mundos possíveis, diríamos que em algum outro mundo possível w', distinto do mundo atual @**, há um animal não

---

*   O escopo do advérbio de necessidade *necessariamente* é tudo o que vem depois do advérbio, ou seja, na sentença "necessariamente, cada animal nesta sala é racional", a frase "cada animal nesta sala é racional" se encontra no escopo do advérbio *necessariamente*.

**   Por "mundo atual" ou @, representamos o mundo real ou tudo aquilo que é o caso.

racional na sala. Portanto, no mundo possível w' a frase em questão é falsa. Isso ocorre porque a necessidade é interpretada como quantificação sobre todos os mundos possíveis. Dessa maneira, uma vez que há pelo menos um mundo possível no qual a expressão "cada animal nesta sala" assume um valor semântico diferente, digamos "Milu" (um lindo cãozinho que, embora seja muito esperto, não tem a racionalidade entre seus atributos), torna a frase "necessariamente cada animal nesta sala é racional" falsa.

Plantinga (1974) oferece um exemplo bastante simples, mas que apresenta com muita clareza a distinção entre *de dicto* e *de re*. Imagine que, nesse momento, você esteja pensando no número 5. Concordamos que o número 5 é necessariamente ímpar, portanto a frase "o número em que você está pensando neste momento é necessariamente ímpar" é verdadeira. Sua verdade decorre do fato de ser uma afirmação especificamente sobre o número 5. A propriedade modal aqui, como em (3), é atribuída a uma coisa, uma *res*. A necessidade, nesse caso, encontra-se na relação entre o número 5 e a propriedade de ser ímpar. Já a afirmação "necessariamente, o número em que você está pensando é ímpar" é interpretada como atribuindo à frase "o número em que você está pensando é ímpar" um caráter de necessidade. A propriedade modal de ser necessariamente verdadeira, ou seja, a afirmação como um todo, declara que a frase em questão é verdadeira em todos os mundos possíveis. O que, definitivamente, não é o caso, uma vez que o número em que você está pensando poderia ser outro, como o 6. Isso, por si só, torna contingente o fato de que você esteja pensando em um número ímpar.

Esse exemplo mostra com clareza não apenas a distinção entre as duas noções, mas também que as condições de verdade entre atribuições *de dicto* e *de re* podem não coincidir. No entanto, essa mera distinção, baseada unicamente no âmbito do escopo dos operadores modais, não é suficiente para garantir inteiramente a legitimidade da distinção, como veremos a seguir.

5.3
A distinção de Forbes

O advento decorrente dos desenvolvimentos em lógica modal era, por si só, suficiente para subverter a força das críticas de Quine contra a lógica modal. No entanto, apresentaram-se argumentos mais detalhados e que focam mais precisamente nos aspectos centrais que geraram críticas à modalidade *de re*.

Forbes (1985) apresentou um critério lógico-sintático altamente iluminador para distinguir fórmulas modais quantificadas *de dicto* e fórmulas *de re*. Uma fórmula com operadores modais ou temporais é *de re* se, e somente se, ela contém um operador modal ou temporal R que tem em seu escopo (i) uma constante individual ou (ii) uma variável livre ou (iii) uma variável ligada por um quantificador fora do escopo de **R**. Todas as outras fórmulas são *de dicto*.

Para os nossos propósitos, "R", aqui, corresponde apenas aos operadores de necessidade (□) e possibilidade (◊). Exemplos: 1) □ Fa (o objeto denotado pela constante individual "a" tem, necessariamente, a propriedade F; 2) □ Fy (note que não há um quantificador regendo a variável "y" e, por isso mesmo, ela é livre; 3) "∀x□ Fx" (observe que o quantificador "∀" está posicionado antes do operador de necessidade "□". Assim todas as outras fórmulas são *de dicto*).

De acordo com Forbes (1985), a diferença entre fórmulas *de dicto* e *de re* é uma diferença entre fórmulas que são sensíveis às identidades dos objetos em vários mundos e fórmulas que não o são. Ao avaliar uma fórmula *de dicto* como "□∀x Fx" ou "◊∀ x Fx → □∀ x Gx", consideramos se todos, ou pelo menos alguns desses objetos, em todos os mundos possíveis (no caso de "□"), ou em algum mundo (no caso de "◊"), satisfazem certas condições. Ao fazermos isso, não estamos considerando a identidade desses objetos – isso pode ser feito sem considerar a identidade dos indivíduos naqueles mundos ou tempos. Por outro lado, ao avaliar um enunciado como "Sócrates é necessariamente racional", temos de avaliar se "Sócrates é racional" em todos os mundos possíveis onde Sócrates existe, o que exige estarmos aptos a identificar Sócrates em cada mundo.

5.4
Argumentos metafísicos

O objetivo desta seção é apresentar os argumentos de Quine e Kneale contra a noção de *satisfação necessária de atribuições de re* e, consequentemente, contra o essencialismo, doutrina metafísica fortemente baseada na noção.

Os argumentos metafísicos têm relação com a ideia (em geral, oriunda de crenças empiristas) de que "a necessidade reside no modo como nós falamos das coisas, e não nas coisas das quais nós falamos" (Quine, 2010, p. 47). De acordo com essa visão, um objeto não tem uma propriedade "p" essencialmente, simplesmente; ao contrário, ele tem "p" essencialmente relativo a certos modos de especificá-lo ou de chamar a atenção para ele (Kneale, 1962).

Assim, a atribuição de propriedades necessárias ou contingentes a um objeto se dá unicamente de acordo com a maneira como esse objeto é descrito, semelhante ao que acontece com a necessidade analítica. Para Quine (2010), se descrevemos alguém como ciclista, é essencial que ele tenha duas pernas, mas se descrevemos alguém como matemático, é essencial que ele seja racional. Dito de outra forma, podemos descrever o número 9 como "o número de planetas do Sistema Solar", "o número favorito de Paul" ou "o número natural ímpar entre 8 e 10". Em todos esses casos, só podemos predicar, de acordo com Quine (2010) e Kneale (1962), necessariamente aquelas propriedades por meio das quais os objetos são designados. Por exemplo: de acordo com essa ideia, se designamos Platão como "o filósofo que escreveu *A república*", é apenas acidental que ele tenha sido mestre de Aristóteles e essencial que ele tenha escrito *A república*. Entretanto, se Platão for designado como "o mestre de Aristóteles", é apenas acidental que ele tenha escrito *A república* e essencial que ele tenha sido o mestre de Aristóteles.

Segundo Quine (2010), o essencialismo aristotélico é uma doutrina confusa acerca de significados, entidades que o filósofo criticava severamente. Para o estudioso, significados são aquilo em que essências se transformam quando elas se encontram destituídas dos seus objetos.

5.5
Objeções

Nesta seção, vamos apresentar algumas objeções ao raciocínio modal e classificar cada uma de acordo com a área pertencente da filosofia, além de mostrar as implicações que tais objeções geram para as teses fundamentais de cada área.

Apesar do forte apelo intuitivo da distinção, a noção de modalidade *de re* tem sofrido sérios ataques, em especial por meio dos argumentos de Quine (2010)* e Kneale (1962). Há, basicamente, duas ordens de argumentos contra a coerência da predicação *de re*: um de natureza **semântica** e outro de natureza **metafísica** – essa distinção é inspirada

---

* Para mais informações, conferir Quine (1961, p. 139-159).

em Fine (1989). O primeiro é um problema lógico-semântico, pois trata da interpretação da quantificação dentro de contextos modais (*the problem of quantifying in*). O problema consiste no fato de haver uma exigência geral sobre a noção de satisfação objectual: que a posição das variáveis seja livre para a substituição *salva veritate*.

A posição de uma variável é o "lugar" que pode ser ocupado por uma expressão, como um termo singular, isto é, um nome, como *Sócrates*. Assim, em "x é grego", o lugar da variável "x" deve estar livre à substituição *salva veritate*.

No entanto, essa exigência não é cumprida, de acordo com Quine. O filósofo argumenta que não há uma noção de satisfação objectual (necessária) para atribuições *de re*, essencial para o entendimento da quantificação.

Satisfação objectual diz respeito a como um objeto satisfaz ou não determinada condição. Por exemplo: *Superman* satisfaz a condição expressa por "x é o homem mais forte do mundo". Já a expressão *Clark Kent* não satisfaz a condição expressa por "Lois Lane crê que x é o homem mais forte do mundo".

O segundo tipo de objeção é chamado de *o problema do essencialismo*. Essencialismo é a tese metafísica segundo a qual as essências das coisas não são relativas, não dependem do modo como as coisas são especificadas, descritas dentro de alguma linguagem. Contra essa tese, argumenta-se que um objeto não pode preencher uma condição que expressa uma atribuição modal necessariamente em si e por si próprio, mas apenas relativo ao modo como ele é descrito.

Consequentemente, os argumentos contra a modalidade *de re* pertencem a duas áreas distintas da filosofia. O primeiro problema diz respeito à filosofia da linguagem, e está relacionado à interpretação da satisfação objectual e à teoria da quantificação. O segundo problema está associado à área da metafísica e, sobretudo, à questão de como um objeto pode satisfazer uma condição necessariamente sem levar em conta a maneira como ele é descrito. Esse problema também pode ser entendido de acordo com o dilema da interpretação intensional/extensional da "base ontológica" da predicação modal *de re*.

O foco do argumento lógico é a inteligibilidade de certo tipo de **expressão**, ou seja, se há um uso significativo para as variáveis livres dentro do contexto regido pelo operador de necessidade (Fine, 1985). Aqui, o que está em causa é a ideia de que a posição das variáveis em contextos modais *de re* não é puramente designativa e não está aberta à substituição *salva veritate*. O foco do argumento metafísico é a inteligibilidade de certo tipo de **ideia** (Fine, 1985): a ideia de que objetos não podem satisfazer necessariamente certas condições independentemente da maneira como eles são descritos. Argumenta-se que essa ideia é falsa basicamente porque a base ontológica da predicação modal *de re* é composta por entidades intensionais. Portanto, a predicação modal *de re* não é capaz de cumprir exigências puramente extensionais*, isto é, um atributo modal entendido em termos de uma condição como

---

* Exigências puramente extensionais são relativas às exigências semânticas satisfeitas apenas pelo objeto ou extensão, e não apela a elementos correspondentes ao significado ou à intensão.

"$\exists x \,\Box(x > 7)$"* não pode ser satisfeito por um objeto em si e por si mesmo, independentemente da maneira como ele é designado ou referido. A seguir, apresentamos com mais detalhes cada um dos argumentos separados.

5.6
Objeção de Kneale

A *objeção levantada* por William Kneale consiste em alegar que o essencialista comete um erro ao afirmar que objetos apresentam propriedades necessariamente, independentemente da maneira como eles são descritos. Para Kneale (1962, p. 629), atribuições modais do tipo "x tem 'p' essencialmente" devem ser construídas como "sentenças elípticas de necessidade relativa". Uma maneira de compreender isso seria: "x tem 'p' essencialmente, relativo a D", em que "D" é alguma descrição definida de "x".

Fundamentalmente, uma atribuição modal compreende uma relação entre três termos: o objeto, a propriedade modal e certo modo de selecionar ou "chamar a atenção" para x (Plantinga, 1974). O argumento de Kneale (1962) é o seguinte:

1. O número de apóstolos é contingente (poderia ter variado).
2. Assim, o número de apóstolos não é necessariamente par.
3. O número de apóstolos = 12.
4. O número 12 é necessariamente par.

---

* A expressão *lógica* significa, em termos não formais, que "existe algo ($\exists x$) que necessariamente ($\Box$) é maior do que 7 ($x > 7$). A simbolização formal é importante, pois nos ajuda a compreender sobretudo o escopo do advérbio de necessidade *necessariamente*, uma vez que "necessariamente, algo é maior do que 7" e "algo é necessariamente maior do que 7" são distintos em relação à forma lógica e se comportam de modo semanticamente diferente.

5. Conclusão: o número de apóstolos é necessariamente par (4) e o número de apóstolos não é necessariamente par (2).

Embora o argumento exija claramente a lei de Leibniz como uma premissa adicional, procura-se nele demonstrar que "ser necessariamente par" é uma propriedade que se atribui ao número 12 apenas em relação a certas descrições, as quais são, em geral, da matemática.

A lei de Leibniz pode ser expressa por meio da seguinte fórmula: $(a = b \rightarrow (Fa \rightarrow Fb))$, isto é, se "a" e "b" são idênticos, então toda propriedade que "a" apresenta, "b" também apresenta.

De acordo com essa visão, "ser par" não é uma propriedade essencial ou necessária quando o número 12 é descrito como "o número de apóstolos". O indício que sugere isso é a contradição presente na conclusão. Tratar a necessidade do ponto de vista puramente objectual ou extensional gera contradições, por isso a insistência na relativização de alguma descrição.

5.7
Objeção de Quine

O argumento de Quine é bastante semelhante ao de Kneale. Na base do argumento está o fato observado por Quine de que contextos modais *de re* são, referencialmente, opacos. Em outras palavras, as expressões que ocorrem nesses contextos não são diretamente referências, elas não contribuem apenas com o objeto* para o conteúdo expresso pelo enunciado onde ocorrem. Assim, o argumento procura mostrar a

---

* O *objeto* aqui nada mais é do que a referência da expressão.

ininteligibilidade do discurso modal, ao menos quando aplicado diretamente a particulares. O argumento é o seguinte (Quine, 2010, p. 156):

1. Matemáticos são necessariamente racionais.
2. Fermat é um matemático.
3. Logo, Fermat é necessariamente racional.
4. Ciclistas não são necessariamente racionais.
5. Fermat é um ciclista.
6. Fermat não é necessariamente racional.
7. Fermat é e não é necessariamente racional.

Mais uma vez, a conjunção das conclusões (3 e 6) conduz a uma contradição: de que Fermat é e não é necessariamente racional (7). O único tipo de necessidade que Quine admite é a necessidade matemática (necessidade em virtude da forma). Nesse âmbito matemático, as descrições associadas aos objetos apresentam invariavelmente um caráter de necessidade. Esse é um forte motivo na base da crença de Quine de que os objetos devem dispor de atributos essenciais apenas em razão das descrições associadas a ele.

Em resumo, esses problemas levaram Quine, Kneale e outros filósofos a concluir que tanto as noções modais como os respectivos discursos em que essas noções aparecem estão fadados a uma confusão intransponível. Entretanto, como veremos, os desenvolvimentos em lógica modal que se sucederam enfraqueceram as críticas por fornecerem provas, por exemplo, da completude desses sistemas.

5.8
Objeção de Kaplan (argumento lógico)

Vejamos agora outra variedade de contra-argumentos à predicação modal de re. David Kaplan (1986) apresentou uma excelente reconstrução do argumento de Quine:

1. Uma ocorrência puramente designativa de um termo singular em uma fórmula é tal que esse termo é usado apenas para designar o objeto. (Definição)

2. Se uma ocorrência de um termo singular em uma fórmula é puramente designativa, então o valor de verdade da fórmula depende apenas daquilo que é designado pelo termo singular, e não do modo como é designado. (Segue-se de 1)

3. Variáveis são artifícios de referência pura; a ocorrência de uma variável ligada a um quantificador deve ser puramente designativa. (Semântica *standard*)

Semântica *standard* é aquela baseada na lógica clássica, ao contrário de semânticas não *standards*, as quais utilizam outras lógicas na sua base.

Vamos assumir que Φ seja uma fórmula com uma única variável livre "x", $\Phi\alpha$ e $\Phi\beta$ resultem da substituição de "x" em Φ, respectivamente, pelos termos singulares α, β. Assim*:

---

* α e β são termos singulares quaisquer como nomes próprios ("Sócrates", "Platão" ou descrições definidas como "o rei da França" ou "o espião mais baixo"). Para os propósitos originais tanto do argumento de Quine quanto do contra-argumento de Kaplan, considere apenas descrições definidas.

4. Se α e β designam o mesmo objeto, mas $\Phi\alpha$ e $\Phi\beta$ têm valores de verdade distintos, então as ocorrências indicadas de α em $\Phi\alpha$ e β em $\Phi\beta$ não são puramente designativas. (Segue-se de 2).

5. α e β são termos singulares codesignativos, mas $\Phi\alpha$ e $\Phi\beta$ têm valores de verdade distintos. (Hipótese). γ é uma variável cujo valor semântico é o objeto codesignado por α e β. (Hipótese).

6. γ é uma variável cujo valor semântico é o objeto codesignado por α e β. (Hipótese).

7. Ambos $\Phi\alpha$ e $\Phi\gamma$ ou $\Phi\beta$ e $\Phi\gamma$ diferem em valor de verdade. (Segue-se de 6, desde que $\Phi\alpha$ e $\Phi\beta$).

8. A ocorrência indicada de γ em $\Phi\gamma$ não é puramente designativa. (Segue-se de 4, 6 e 7).

9. É semanticamente incoerente alegar que a ocorrência indicada de γ em $\Phi\gamma$ é ligada.

Na semântica, para o cálculo de predicados de primeira ordem, fórmulas abertas são satisfeitas por sequências ou funções de atribuição, que conferem objetos às variáveis. A relação que se dá entre uma sequência ou uma função de atribuição e uma fórmula aberta é chamada em lógica e filosofia da lógica de *satisfação objectual*.

Satisfação objectual é a relação necessária para a compreensão da quantificação. Por exemplo, $\forall x Fx$ é verdadeira se, e somente se, ela é satisfeita pela sequência; ela é satisfeita por uma sequência arbitrária se, e somente se, para cada s', que é uma x-variante de x, é tal que s' satisfaz a fórmula aberta "Fx". Em outras palavras, a fórmula é verdadeira se qualquer objeto que é uma x-variante de x a satisfaz. Assim, numa semântica ou num modelo de Tarski, a quantificação é entendida em termos da relação de satisfação.

Essa satisfação pode ser descrita do seguinte modo:

"s" (uma constante individual) satisfaz "Fx" se s(x) pertence à interpretação de F.

Tomemos agora uma fórmula modal aberta contendo uma variável livre no escopo de um operador modal sem qualquer quantificador dentro da fórmula. São exemplos de fórmulas modais abertas: "□Fx", "◊Rx" e "□∀x(Fx → Rxy)". Quine (1961) acredita que não há uma noção legítima de satisfação objectual que possa ser dada para a lógica modal quantificada (LMQ) para fórmulas abertas. Com isso, o filósofo mostra que não é possível tornar precisa a quantificação dentro de fórmulas modais abertas como "□F", uma vez que precisamos da relação de satisfação para explicar a quantificação.

No entanto, Kaplan aponta um problema na argumentação de Quine. O diagnóstico da falha é apontado por Kaplan (1986, p. 235) em decorrência da falsidade de uma premissa, a premissa 4: "Todos exceto um desses passos me parece inócuo. O passo 4 que, é claro, não se segue do passo 2. Tudo que se segue do passo 2 é que, ao menos, uma das duas ocorrências não é puramente designativa. Quando 4 é corrigida desse modo, 7 já não se segue".

Quine, ao se mover do passo 2 para o passo 4, comete um movimento ilícito. O estudioso passa de uma constatação sobre a ocorrência de um termo não ser puramente designativa para a conclusão de que a posição que o termo ocupa na fórmula não é puramente designativa, o que não é legítimo (um fato relacionado ao termo ele mesmo levar a uma conclusão sobre a posição que o termo ocupa). Por exemplo: talvez descrições definidas, tal como "o número de planetas do Sistema Solar", não sejam termos puramente designativos. Elas não se referem simplesmente; elas denotam, isto é, designam ou referem os seus objetos de acordo com certas propriedades que esses objetos têm. Se for assim, então a ocorrência de uma descrição definida no escopo de um operador modal de fato não seja uma expressão ou um termo puramente designativo. Mas não se pode concluir disso que a posição do termo não seja puramente designativa.

5.9
Confusão de dicto/de re

De acordo com Murcho (2002, p. 56), "Quine procura mostrar que o idioma essencialista é incoerente. Mas a sua demonstração é improcedente porque usa o idioma mal, sem dar atenção às diferenças sutis de interpretação". Vários argumentos foram levantados contra as objeções de Quine e Kneale ao essencialismo – Smullyan (1948), Plantinga (1974) e Ruth Barcan Marcus (1960) estão entre os nomes dessas objeções.

Segundo Smullyan (1948), as críticas empiristas de Quine e Kneale sofrem de uma confusão *de dicto/de re*. Vejamos como procede essa ambiguidade. No argumento dos apóstolos, embora as premissas (3) e (4) sejam verdadeiras, não é o caso de que (5) seja uma conclusão válida que se segue logicamente delas. Para verificarmos essa afirmação, basta olhar para a forma lógica de (3):

3. O número de apóstolos é 12.

De acordo com a teoria das descrições de Russell, a descrição definida "o número de apóstolos" deve ser analisada da seguinte forma: tome que P designa a "propriedade de apresentar a cardinalidade do conjunto de apóstolos":

1. Há um número de apóstolos – $\exists x\ (Px)$;
2. Há apenas um número de apóstolos – $\forall y\ \exists y\ (Py \rightarrow y = x)$;

3. E ele é igual a 12 – ∃x (x = 12).

Assim:

4. ∃x (Px ∧ ∀y (Py → y = x) ∧ 12 = x)*

A teoria das descrições definidas determina que, como "o último rei da França era calvo", deve ser lida como: (i) existe um último rei da França; (ii) existe apenas um último rei da França; e (iii) ele é calvo. Formalmente, nós temos: (i') ∃x Fx; (ii') ∀y ∃x (Fy → y = x); Py.

No entanto, há duas interpretações modais ((4a) e (4b)) possíveis para (4), que correspondem ao escopo do operador de necessidade, e é justamente aqui onde se encontra a ambiguidade. Porém, antes de apresentarmos efetivamente o *locus* da ambiguidade presente nos argumentos de Quine e Kneale, será útil compreendermos exatamente como caracterizar, em termos lógico-quantificacionais, a distinção em jogo.

Na conclusão que Kneale pretende extrair do argumento, a afirmação em causa é a de que o número de apóstolos, em qualquer circunstância ou mundo possível, necessariamente tem de ser igual a 12. Essa é uma leitura *de dicto*, pois se enquadra perfeitamente no critério de Forbes, no sentido de que aquilo que está sendo afirmado não depende da identidade dos objetos para ser verdadeiro em outros mundos possíveis. Com base na distinção de Forbes, o escopo do operador modal é toda a fórmula (4a):

4a. □ ∃x (Px ∧ ∀y (Py → y = x) ∧ 12 = x)

---

* Essa sentença formalizada, completa, representa logicamente a estrutura da descrição definida "o número de apóstolos é 12". No entanto, como veremos, se não considerarmos essa estrutura lógica, não poderemos ver as duas leituras diferentes da frase "o número de apóstolos é 12".

157

Isso é, obviamente, falso. É simples imaginar que os eventos que se sucederam poderiam ter sido tais que o conjunto dos apóstolos tenha assumido uma configuração diferente da atual, havendo apenas sete apóstolos, por exemplo. Isso decorre exclusivamente do fato notado por Forbes de que, na interpretação *de dicto*, a fórmula não é sensível à identidade dos objetos em diferentes mundos possíveis. Assim, "o conjunto dos apóstolos" poderia ter assumido um referente distinto em algum outro mundo possível, podendo não apenas ter sido outro conjunto (dado que a identidade de conjuntos depende da identidade de seus membros) como a cardinalidade desse novo conjunto poderia não ter sido igual a 12.

Já na interpretação *de re*, o escopo do operador é restrito à identidade:

4b. $\exists x\ (Px \land \forall y\ (Py \to y = x) \land \Box\ 12 = x)$

O que essa fórmula afirma é que existe certo conjunto no mundo atual, e a cardinalidade desse conjunto é igual a 12, em todos os mundos possíveis. Dito de outra forma: fixada a referência de "o número de apóstolos", dado que esse número é igual a 12, a cardinalidade desse conjunto em todos os mundos possíveis será igual a 12, o que é absolutamente correto. O que ela diz é apenas que 12 tem a mesma cardinalidade em cada mundo possível. Portanto, 12 é necessariamente par, mas o número de apóstolos, não. E, assim, compreendemos o problema de passar de "12 = o número de apóstolos" para "o número de apóstolos é necessariamente par".

Com base nessas distinções, já temos material suficiente para mostrar a confusão nos argumentos de Kneale ao essencialismo. A conclusão que ele deseja extrair é a *de dicto*, a conclusão falsa. Entretanto, a conclusão que de fato se segue das premissas é a *de re*, de que o número de apóstolos é necessariamente igual a 12 (12 = 12), e não que necessariamente o número de apóstolos é igual a 12 (*de dicto*, de que em qualquer situação contrafactual* possível haveria sempre o mesmo número de apóstolos, ou seja, 12), o que equivale a afirmar que o número de apóstolos tem de ser igual a 12, independentemente dos fatos, não podendo ser 13 ou menos.

No argumento do ciclista matemático, a objeção é bastante semelhante: a conclusão que Quine tenta extrair do argumento se vale de uma confusão *de dicto/de re* presente nas premissas. Essa confusão faz com que Quine empregue premissas falsas no argumento: a única forma de derivar as conclusões obtidas em (5 – p. 151) e (7 – p. 152) é lendo as premissas (2 e 4 – p. 150) e (3 e 6 – p. 152) em um tipo de interpretação *de re*. De acordo com Murcho (1999, p. 54), a ambiguidade de (1) "matemáticos são necessariamente racionais" repousa em três interpretações distintas possíveis em relação ao escopo do operador de necessidade "elas são ambíguas entre duas interpretações *de re* e uma interpretação *de dicto*". Na interpretação *de dicto*, como vimos na distinção de Forbes, a necessidade cobre todo o escopo da proposição.

Desse modo, devemos entender que, necessariamente, todos os matemáticos são racionais – em termos formais: $\Box \forall x$ (Mx → Rx). Essa fórmula, como veremos em sua interpretação *de dicto*, não tem problema algum. As demais interpretações são *de re*: uma delas toma que qualquer coisa do mundo atual necessariamente; se ela for um matemático, então será racional $\forall x \ \Box$(Mx → Rx), e a outra – e mais problemática – assume que qualquer coisa no mundo atual, se ela for um matemático, então será necessariamente racional, isto é, $\forall x$ (Mx → $\Box$Rx). Contudo, sob essa interpretação, afirmamos, essa proposição é falsa. É fácil conceber um caso no qual um ser é matemático, embora não tenha a racionalidade entre as suas propriedades necessárias. Vejamos por quê.

---

* Situação diferente da do mundo atual.

Seres humanos são necessariamente racionais; chimpanzés, não. Imagine que um chimpanzé adquira, por meio de drogas e manipulação genética, a capacidade de resolver cálculos complexos. Mas não apenas isso: imagine que esse primata desenvolvesse linguagem, no sentido de ser capaz de dar opiniões sobre política, religião, futebol etc. Nesse caso, podemos supor que o animal adquiriu a propriedade de ser racional. No entanto, essa propriedade foi adquirida devido a uma experiência científica, um evento contingente que dependia de inúmeros outros fatores para se concretizar. O espécime que adquiriu racionalidade poderia ter sido outro (ele adquiriu essa propriedade contingentemente).

Para ser matemático, necessariamente (*de dicto*) esse indivíduo tem de ser racional, o que não implica que ele (*de re*) é, necessariamente, racional. Uma coisa é dizer que, necessariamente, todos os matemáticos são racionais, ou seja, é impossível que algum indivíduo resolva cálculos complexos, prove teoremas, escreva livros sobre o que são definições ou sobre teoria dos conjuntos e não seja alguém que, ao mesmo tempo, possa ser considerado de fato um sujeito racional. Isso, por outro lado, também não significa que todos os matemáticos são necessariamente racionais, isto é, se um animal qualquer prova teoremas e resolve cálculos complexos, por exemplo, não significa que ele tem a propriedade da racionalidade necessariamente ou essencialmente. Assim, na leitura *de re*, a frase "matemáticos são necessariamente racionais e apenas contingentemente bípedes" é falsa, pois, como vimos no exemplo anterior, o chimpanzé adquire racionalidade e passa a ter essa propriedade, mas apenas contingentemente. O correto seria "necessariamente, matemáticos são racionais e apenas contingentemente bípedes".

Vejamos como procede o argumento:

1. Necessariamente, todos os matemáticos são racionais $\Box\forall x$ (Mx → Rx);

2. Fermat é matemático Ma (a = Fermat);

3. Fermat é necessariamente racional $\Box$Ra;

4. Ciclistas não são necessariamente racionais $\forall x$ (Cx → ¬$\Box$Rx);

5. Fermat é ciclista Ca;

6. Fermat não é necessariamente racional ¬$\Box$Ra;

Assim:

7. Fermat é e não é racional ($\Box$Ra ∧ ¬$\Box$Ra).

No entanto, 3 não se segue de 1 e 2, pois vimos que não podemos inferir de "necessariamente, todos os matemáticos são racionais" que Fermat é necessariamente ou essencialmente racional (da mesma maneira que o chimpanzé do nosso exemplo não é essencialmente racional). Desse modo, o argumento de Quine não procede.

Portanto, os argumentos de Quine e Kneale são inválidos: o argumento deste último é considerado assim em virtude de uma confusão *de dicto/de re* presente nas premissas; o estudioso confunde a interpretação *de dicto* de "o número de apóstolos", interpretação cuja referência pode variar por meio de diversas circunstâncias possíveis*, com a interpretação *de re* de "o número de apóstolos", cuja referência opera por meio do mecanismo da designação rígida e, portanto, refere-se ao mesmo particular em cada circunstância possível. Já o argumento de Quine é inválido porque a única interpretação da premissa "matemáticos são necessariamente racionais", que implica a contradição (que Fermat é necessariamente racional e não é necessariamente racional), é, obviamente, falsa.

---

* Pode variar no sentido de que o número de apóstolos poderia ter sido diferente (7, por exemplo).

Síntese

Aprendemos, neste capítulo, que os conceitos de *necessidade, contingência* e *possibilidade,* que são modais, são conceitos filosóficos absolutamente legítimos e admitem um tratamento lógico-semântico preciso. Vimos quão perigoso pode ser pensarmos nas possibilidades como conceitos reais, mundos possíveis como entidades concretas com objetos e pessoas de verdade. Acompanhamos as críticas empiristas de Quine e Kneale contra o entendimento das modalidades e, em seguida, analisamos como esses argumentos foram respondidos originalmente por Smullyan e Kaplan, que devolveram aos conceitos modais o estatuto filosófico tão merecido por eles, devido aos inúmeros benefícios que a necessidade permite alcançar em filosofia. Dessa forma, não há nenhum problema em pensar que a necessidade não é um fenômeno que estrutura a realidade, os princípios filosóficos e as leis da ciência.

Indicação cultural

Filme

COHERENCE. Direção: James Ward Byrkit. EUA: Oscilloscope Laboratories, 2013. 88 min.

Durante um jantar, oito amigos começam a falar sobre a proximidade de um cometa e sobre os rumores de que a passagem desse corpo celeste será capaz de ocasionar mudanças graves no comportamento das pessoas. Logo após a discussão, a luz acaba, e estranhos fenômenos começam a acontecer com os convidados, que passam a questionar a noção de realidade. O filme trata de um evento em que diferentes realidades possíveis se conectam.

Atividades de autoavaliação

1. Quais são as duas principais doutrinas que dominam a metafísica contemporânea?

   a) Empirismo de Quine e a tese ultrarrealista de Lewis.

   b) O realismo de Anselmo e o nominalismo de Ockham.

   c) O realismo de Plantinga e o abstracionismo de Fine.

   d) A semântica de Kripke e o nominalismo de Quine.

2. Qual é a tese defendida por Quine?

   a) Mundos possíveis são entidades concretas.

   b) Mundos possíveis são entidades abstratas.

   c) As noções modais carecem de sentido.

   d) A necessidade é um conceito real.

3. Além do modo como Quine e Lewis compreendem as modalidades, há uma terceira forma. Qual é?

   a) Primitiva e inanalisável.

   b) Abstrata em termos ficcionais.

   c) Logicamente consistente.

   d) Como factual, mas redutível a um discurso que não envolve referência à *possibilia*.

4. O que são mundos possíveis?

   a) Modos como o mundo poderia ter sido.

   b) Universos paralelos.

   c) Planetas semelhantes ao nosso.

   d) Lugares distantes em nosso próprio universo.

5. Quais são as duas leituras possíveis de uma proposição?

   a) Singular e particular.

   b) *De re* e singular.

   c) Concreta e abstrata.

   d) *De dicto* e *de re*.

6. O que são proposições *de re*?

   a) São proposições gerais.

   b) São proposições que envolvem apenas conceitos.

   c) São proposições que envolvem apenas descrições definidas.

   d) São proposições que envolvem essencialmente objetos.

7. De acordo com Forbes, qual é a principal característica de uma proposição *de re*?

   a) A identidade do objeto varia por meio de mundos possíveis.

   b) Dependem das descrições definidas associadas.

   c) São puramente qualitativas.

   d) A identidade do indivíduo não varia por meio de mundos possíveis.

8. Qual é o ponto da crítica de Quine e Kneale contra o discurso modal?

   a) Partindo de premissas modais verdadeiras, obtemos uma conclusão falsa.

   b) Não podemos ter experiência dos fatos modais.

   c) Não existem mundos possíveis.

   d) O discurso modal é contraditório.

9. A que se atribui o erro nas críticas de Quine e Kneale?

   a) Ao contexto opaco criado pelo operador modal.

   b) A uma confusão sobre o escopo do operador modal.

c) Proposições modais são sintéticas *a priori*.

d) Não há uma diferença entre proposições *de dicto* e proposições *de re*.

10. Como são consideradas as proposições da metafísica hoje?

a) Como sem significado.

b) Como contraditórias.

c) Como inconsistentes.

d) Como proposições legítimas e bem estabelecidas.

Atividades de aprendizagem

Questões para reflexão

1. O que é uma proposição *de re*? Dê um exemplo.

2. O que é uma proposição *de dicto*? Dê um exemplo.

3. Cite uma diferença entre tomar uma proposição como *de re* ou como *de dicto*.

4. Qual é o argumento do matemático de Quine?

5. Qual é o erro no argumento de Quine?

Atividade aplicada: prática

1. Reflita e responda: Seria possível a existência de um universo sem leis? Caso sua resposta seja positiva, descreva, em um breve texto, como ele seria.

6
O problema do livre-arbítrio

Um dos temas metafísicos estuda a existência do livre-arbítrio. Trata-se de um tema metafísico porque envolve a investigação das leis causais da realidade. Para sabermos se o livre-arbítrio existe, precisamos saber em que medida as leis físicas do universo determinam os acontecimentos. Se as leis definem completamente os acontecimentos, não há livre-arbítrio? Vamos, a seguir, contextualizar o problema do livre-arbítrio e expor três respostas direcionadas à questão, bem como as principais críticas a cada uma delas.

6.1
Os conceitos de acontecimento, ação e deliberação*

Os conceitos de acontecimento e de *ação* são diferentes. Todas as ações são acontecimentos, mas nem todos os acontecimentos são ações.

Acontecimento é algo que ocorre em determinado lugar e momento, como o fato de Renato ter tropeçado na calçada, por exemplo, ou a queda do avião da Germanwings nos Alpes franceses. No entanto, este último evento também é uma ação, pois houve o envolvimento intencional de um agente. *Agente* é aquilo que é capaz de agir. Nesse sentido, o tropeço de Renato envolve um agente, pois Renato é capaz de agir. A questão é que Renato não tropeçou intencionalmente. Já o avião da Germanwings caiu pela ação intencional do copiloto. Portanto, nenhum acontecimento sem intenção é uma ação, e todo acontecimento intencional é uma ação (Almeida; Murcho; Teixeira, 2013).

A deliberação é a causa da ação. O que fez o copiloto do avião derrubá-lo foi ter deliberado para esse fim. O profissional desejava se suicidar e acreditava que derrubar o avião com mais 149 pessoas seria a melhor maneira de realizar esse desejo. Ele escolheu um acontecimento que o atraiu (suicídio) e também escolheu o modo como iria realizar seu desejo (derrubar o avião). As duas escolhas são fruto de uma preferência entre outras opções disponíveis. Deliberar é escolher uma opção entre duas ou mais alternativas. Note que pode haver mais de uma deliberação para uma ação – no caso da queda do avião da Germanwings, houve no mínimo duas deliberações. Uma ação complexa exige várias deliberações.

---

* O mérito desta parte é todo dos autores do manual *50 lições de filosofia* (Almeida; Murcho; Teixeira, 2013). Já constatamos em sala de aula a vantagem cognitiva dessa maneira de expor a diferença entre esses conceitos e, por isso, procuramos manter aqui a mesma estrutura.

Existem dois tipos de deliberação. Quando as escolhas derivam de critérios racionais, a deliberação é racional. Por exemplo: escolher respeitar a faixa de pedestres por decidir que essa iniciativa faz o trânsito funcionar melhor do que não respeitar a faixa. Quando as escolhas derivam de critérios arbitrários, a deliberação é irracional. Por exemplo: escolher não respeitar a faixa de pedestres porque simplesmente não se interessa pelas leis de trânsito. Flagrantes de deliberação irracional são vistos em ações realizadas por mero impulso.

6.2
A origem do problema

O *problema do* livre-arbítrio diz respeito à dificuldade de saber se temos controle sobre nossas escolhas. Podemos formular a questão do seguinte modo: há, no universo físico, uma estrutura determinada por causas anteriores que impede qualquer ação deliberada? Mesmo sendo já investigada desde a Grécia Antiga, essa questão tomou força depois da revolução científica no século XVII. A concepção de que os acontecimentos da natureza ocorrem mecanicamente aprofundou as dúvidas sobre nossa capacidade de deliberação. Sendo os movimentos da matéria determinados mecanicamente, é grande a possibilidade de esses movimentos predeterminarem nossas escolhas. Nós fazemos parte da natureza, somos feitos de matéria. Portanto, estamos sujeitos também às leis da natureza.

A tradição aristotélica sustentava que os fenômenos naturais são resultados da ação de organismos vivos. Já a tradição moderna afirmava que os fenômenos naturais são resultados de interações regulares e previsíveis entre os elementos da natureza. A primeira tradição é nomeada de *organicista*; a segunda, *mecanicista*.

Alguns estudos neurológicos nas últimas décadas colocaram ainda mais lenha nessa fogueira: conseguiram identificar as partes do cérebro que promovem acontecimentos corporais e descobriram que cada parte do cérebro causa uma reação diferente (a dor no braço, o gosto de chocolate, a audição de uma música, o medo de um assalto etc.)[*]. Basta tocar em determinadas partes do cérebro para disparar impulsos neuronais que causam esses acontecimentos. Há estudos também sobre procedimentos que causam ações: os pesquisadores provocavam movimentos corporais que seus sujeitos diziam ser intencionais. Se o movimento provocado fosse de olhar para trás, os pacientes justificavam, por exemplo, dizendo que tinham feito isso em razão de terem ouvido um barulho (Rachels, 2009). Até mesmo deliberações já observaram de antemão que a atividade cerebral se inicia antes mesmo da tomada de decisão: antes de decidir pegar o copo d'água, por exemplo, a atividade cerebral para realizar esse movimento já se iniciara[**].

Os estudos behavioristas também colaboraram para estimular a ideia de que não temos liberdade de escolha. A corrente behaviorista é uma linha psicológica de estudo que defende que os nossos comportamentos, ou seja, nossas formas de agir desta ou daquela maneira, são determinados por processos de estímulos. Nessa situação, uma pessoa estudiosa assim se comporta por ser recompensada de alguma forma, podendo ser até mesmo com a ausência de castigo, por exemplo.

Todos esses estudos sugerem que nossas ações são determinadas por causas anteriores. Similarmente ao funcionamento de uma máquina,

---

[*] Esse procedimento neurocirúrgico é conhecido como *técnica de Wilder*. Para um bom relato desse procedimento, recomendamos a lúcida introdução à filosofia de James Rachels, *Problemas da filosofia* (2009, p. 122-125; 161-163).

[**] O autor do estudo foi o cientista Hans Kornhuber (1928-1929). Para mais informações, conferir Rachels (2009, p. 163).

nossas ações são condicionadas por mecanismos materiais ou influências sociais. De maneira mais enfática, a visão mecanicista do universo sugere que o mundo é governado por leis naturais que determinam os acontecimentos e vedam outras possibilidades. A cada momento, é fisicamente possível apenas um acontecimento futuro. Assim, quando decidimos sair de casa para ir tomar um bom suco na padaria, já estava determinado por acontecimentos anteriores que resolveríamos fazê-lo, o que, na verdade, exclui a possibilidade de termos decidido efetivamente, porque não poderíamos ter tomado outra decisão. Desde o princípio, os acontecimentos estariam determinados mecanicamente.

Em geral, a ciência afirma que o mundo funciona mecanicamente. Se assim for, fica a dúvida: temos liberdade de escolha? Contudo, há cientistas que afirmam existir coisas no mundo que não funcionam mecanicamente: alguns físicos, por exemplo, concluíram que partículas básicas da matéria (elétrons) podem não se movimentar uniformemente. Nesse caso, haveria espaço para liberdade de escolha, e o mundo não seria completamente determinado. Porém, isso não elimina o problema do livre-arbítrio. Na situação em que mundo não funciona mecanicamente, nossas deliberações correm o risco de não poder se efetivar. Isso quer dizer que não poderíamos determinar o que faríamos ao agir (Nagel, 2011). Essa possibilidade também exclui o campo da ação. Não existindo o envolvimento de um agente como causa do acontecimento, só existem acontecimentos. Portanto, se o mundo não funciona mecanicamente, a dúvida permanece: temos liberdade de escolha?

O problema do livre-arbítrio, então, acaba por envolver duas questões básicas: a primeira procura saber se o determinismo é compatível com o livre-arbítrio, e a segunda procura saber se temos essa possibilidade*. A primeira questão trata-se de um dilema: muitos pensadores sustentam que o determinismo é incompatível com o livre-arbítrio. Para eles, não é possível que exista liberdade de escolha num mundo de acontecimentos determinados – ou os acontecimentos são predeterminados ou são passíveis de deliberação. Não é possível que esses dois tipos de acontecimento coexistam. No entanto, outros filósofos sustentam que é possível que coexistam. Para eles, o dilema é uma falácia porque concebe a liberdade de escolha de maneira equivocada.

Falácias são erros de raciocínio não percebidos. Uma delas é a falácia do falso dilema, que consiste em apresentar apenas duas alternativas quando existem mais possibilidades. Dizer "Brasil, ame-o ou deixe-o" omite, por exemplo, a possibilidade de a pessoa viver no país sem amá-lo. Não há nenhuma imoralidade nisso.

A segunda questão está relacionada com a primeira: aqueles que concordam que o determinismo é incompatível com a liberdade de escolha negam um ou outro. Os deterministas radicais negam que haja livre-arbítrio porque defendem que o mundo é determinado mecanicamente; os libertistas negam tudo que esteja determinado porque defendem que temos livre-arbítrio. Por sua vez, os que discordam que o determinismo é incompatível com a liberdade de escolha defendem que

---

* O livro *Janelas para a filosofia*, de Almeida e Murcho (2014), contém uma excelente articulação dessas questões com três das principais posições sobre elas. A precisão terminológica e explicativa é exemplar.

temos livre-arbítrio mesmo num mundo determinado mecanicamente. Nas próximas seções, vamos expor essas três posições com mais detalhes.

6.3
Incompatibilismo e inexistência de livre-arbítrio

Os que defendem a tese de que o determinismo é incompatível com o livre-arbítrio e a tese de que não temos livre-arbítrio são chamados de *deterministas radicais.*

O determinismo consiste na inevitabilidade das consequências. Dado um acontecimento ou um conjunto de acontecimentos, não é possível mais que uma consequência. Um exemplo: "o calor escaldante que fazia ontem no cinema me fez sair antes de o filme acabar. Não havia como eu continuar a assistir ao filme. O calor estava insuportável". Nesse caso, o calor excessivo na sala de cinema determinou a saída do indivíduo naquele momento. O determinismo considera que qualquer aconteci-mento é a única consequência possível de acontecimentos anteriores.

O livre-arbítrio consiste na possibilidade de agir de modo diferente. Dado um acontecimento ou um conjunto de acontecimentos, há mais de uma opção de ação. Na mesma situação do calor na sala de cinema, haveria a possibilidade de a pessoa escolher suportar mais 10 minutos de calor e terminar de assistir ao filme.

A ideia básica na qual a primeira tese está apoiada é a de que o determinismo exclui a deliberação. E o livre-arbítrio, por sua vez, inclui a deliberação. Isso significa que, se o determinismo for verdadeiro, o livre-arbítrio é falso, ou que, se o livre-arbítrio é verdadeiro, o deter-minismo é falso. As duas proposições não podem ser ambas verdadeiras e, por isso, são incompatíveis.

Os deterministas radicais acreditam que o determinismo é verdadeiro. O filósofo holandês Bento de Espinosa (1632-1677) é um dos principais filósofos que defendem essa visão.

Espinosa está entre os grandes filósofos racionalistas, que acreditam que o conhecimento provém unicamente da razão, sem recorrer à experiência. A principal obra de Espinosa é *Ética* – formada por um texto fortemente argumentativo, nela o filósofo constrói, passo a passo, a ideia de que Deus é tudo e está em toda parte. Por esse motivo, o Deus de Espinosa é também compreendido como Natureza.

Esse filósofo afirma que somos determinados a escolher uma coisa ou outra por uma causa que também é determinada por outra causa, e essa outra causa, por sua vez, por outra, e assim até o infinito (Espinosa, 1992, Livro II, proposição 48). Em razão disso, juntamente com a ideia da incompatibilidade entre determinismo e livre-arbítrio, Espinosa conclui que não somos livres. Dito de outro modo, não temos liberdade de escolha.

A formulação do argumento contra a existência do livre-arbítrio pode ser posto da seguinte forma:

"Se tudo está determinado, não há livre-arbítrio.
Tudo está determinado.
Portanto, não há livre-arbítrio" (Almeida; Murcho, 2014, p. 282).

6.4
Críticas ao determinismo radical

A conclusão do determinismo radical vai contra nossa habitual intuição de que temos responsabilidades. É difícil abrir mão da ideia de que temos controle sobre a maior parte de nossas ações. Ao pararmos para pensar na possibilidade de todas as nossas ações estarem de antemão determinadas, não conseguimos deixar de pressupor nossa capacidade de deliberação, nossa capacidade de fazer algo diferente do que poderíamos fazer. Podemos pegar o copo à nossa frente e jogá-lo ao chão, como também podemos fazer diferente e enchê-lo de água. Parece que isso é totalmente factível. Parece que podemos de fato fazer uma coisa ou outra. Não parece haver empecilho para isso, basta querermos. De maneira semelhante, é difícil não culpar uma pessoa que todo dia estaciona o carro na calçada, mesmo sendo advertida por moradores do bairro que aquilo prejudica os pedestres, além de ser uma infração de trânsito. Queremos que essa pessoa seja responsabilizada por seu erro. Não é possível dizer que essas constantes infrações já estavam determinadas pelas leis da natureza e, portanto, que a pessoa não tem culpa.

É verdade que algumas concepções pedagógicas desenvolvidas nas últimas décadas têm conseguido disseminar nas escolas que as ações dos alunos dentro da escola, até mesmo dos maiores de idade, são totalmente fruto do meio em que vivem, e, por isso, os alunos não são responsáveis por indisciplinas que cometem. Isso mostraria que é possível aceitar o determinismo radical. A dificuldade em aceitá-lo seria então por meramente estarmos habituados em pensar que temos liberdade de escolha. Porém, para reforçar a objeção ao determinismo radical, é interessante notar que, ao mesmo tempo que educadores procuram não responsabilizar os alunos pelas indisciplinas cometidas, esses mesmos educadores responsabilizam os alunos por bom comportamento e boas notas. Com isso, a concepção educacional em questão também termina por não escapar de pressupor nossa capacidade de deliberação.

A ausência da responsabilidade traz ainda um problema crucial para a tese do determinismo radical. Imagine a situação em que um pai é gravemente agredido por maltratar seu pequeno filho com constantes beliscões no braço. Depois de ver o pai maltratando a criança, um transeunte, que presenciou a cena, agrediu o pai da criança com socos e pontapés, deixando-o desacordado e com o rosto desfigurado. De acordo com a perspectiva do determinismo radical, o pai estava determinado a fazer aquilo de modo que não podia escolher fazer o que fez. Assim, ele não poderia ser responsabilizado pelo ato. Seguindo o mesmo raciocínio, o agressor do pai também não deveria sofrer sanção alguma. Foi apenas uma reação involuntária ao maltrato do pai ao filho. O ponto aqui é saber o que fez o agressor do pai reagir. A primeira resposta que nos vem à mente é a culpa pelo maltrato à criança. O pai, como agente da ação de maltratar, é o responsável por um dano inaceitável. Por esse motivo, aconteceu a agressão de extrema violência. Se não for isso, por que aconteceu essa agressão? Poderia existir um mecanismo que faz as pessoas simplesmente se agredirem? Na existência de um mecanismo dessa natureza, a humanidade já teria sido extinta há muito tempo. É infactível a ideia de que leis naturais são a causa de situações como essa da agressão ao pai que maltrata. Portanto, nem tudo estaria determinado.

Para Espinosa, a crença no livre-arbítrio é uma ilusão, que acontece porque não conhecemos nenhuma das causas que determinam os acontecimentos e porque temos consciência desses acontecimentos. Ter consciência é, por exemplo, saber que estamos lendo neste momento. Estamos cientes de que estamos lendo. De acordo com Espinosa, nossa ignorância quanto às causas, além da nossa consciência dos acontecimentos, nos levam a pensar que estamos agindo por deliberação, mas esse pensamento é apenas uma imaginação. É como pensar que o Sol está a poucos quilômetros da Terra por reconhecer sua grande influência em nossas vidas e por desconhecer a real distância. A junção dessa espécie de intimidade com a verdadeira distância nos conduz ao erro.

A resposta dada para a tese de que o livre-arbítrio é uma ilusão concentra-se na conexão entre ação e deliberação. A ação pressupõe a deliberação. É preciso conceber o que fazemos como resultado de nossas escolhas. Não é necessário que o Sol esteja a poucos quilômetros da Terra, pois, hoje, sabemos que o Sol está a 150 milhões de quilômetro da Terra. Mas parece ser necessário agir por deliberação. O ato de levantar da cadeira em seu escritório para ir até a cozinha e abrir a geladeira não pode ser dissociado de uma decisão sua. Mesmo que, ao abrir a geladeira, você não se lembre da razão de tê-la aberto (pegar uma fruta, por exemplo), você decidiu antes de levantar: vou até a cozinha abrir a geladeira. Poderia ter decidido continuar trabalhando, mas resolveu ir até a cozinha e foi até lá. Isso significa que não poderia ir até a cozinha sem decidir ir até ela. O fato de não saber o porquê de ter aberto a geladeira não elimina a decisão de abri-la. Foi uma deliberação irracional.

6.5
Incompatibilismo e existência do livre-arbítrio

Os que defendem a tese de que o determinismo é incompatível com o livre-arbítrio e a tese de que temos livre-arbítrio são chamados de *libertistas*.

O libertismo defende a existência do livre-arbítrio e exclui o determinismo, pois são incompatíveis. A formulação do argumento é esta:

"Se tudo está determinado, não há livre-arbítrio.
Há livre-arbítrio.
Portanto, nem tudo está determinado" (Almeida; Murcho, 2014, p. 284).

O que está em jogo aqui é a existência do livre-arbítrio. Os libertistas não concordam que nossas ações estejam sujeitas a coerções causais presentes nos acontecimentos da natureza. Eles concordam que algumas escolhas estão determinadas de antemão, mas nem todas. Uma das razões dadas é de que temos muito mais motivos para acreditar em nossa liberdade de escolha do que na tudo estar determinado. A todo o momento, estamos tendo experiências de escolha. Escolhemos desligar a televisão, sair para passear e acessar uma rede social, mas também não almoçar no restaurante mais próximo, mesmo estando com muita fome. Temos de escolher até para não deliberar, isto é, escolhemos não escolher. A raiz dessa ideia foi desenvolvida pelo filósofo francês Jean-Paul Sartre (1905-1980), que defendeu que a liberdade precede a existência. O significado dessa expressão resta sobre a necessidade de uma fonte causal para os acontecimentos realizados por nós. Para qualquer cadeia causal que suceda nos acontecimentos realizados por nós, deve haver um início desencadeado por nós. Não há como fugir dessa liberdade de escolha. Uma criança que vive em condições desfavoráveis só vê essa situação como ruim por ter escolhido ver dessa maneira, pois ela poderia encarar a situação desfavorável de sua vida como um treino rigoroso de sobrevivência e persistência social. Isso mostraria, conforme Sartre, que estamos condenados a ser livres.

> Sartre foi um dos mais conhecidos filósofos do século XX, em parte, devido à sua militância política. A sua teoria existencialista, perspectiva filosófica que rejeita princípios universais de ação, exorta à superação das alienações a que estamos sujeitos. O filósofo também produziu vários romances de qualidade significativa.

Essa posição sartreana pode ser comparada ao famoso argumento cartesiano do *cogito*: "Penso, logo existo". Descartes argumentou que não é possível duvidarmos de nossa existência porque a própria dúvida nos conduz a pressupormos nossa existência. Não é possível que algo pense (a dúvida é um pensamento) e não exista. Para pensar, é preciso existir. De modo semelhante, é nossa liberdade para Sartre. A diferença está na liberdade ser mais básica que a existência humana. Não é possível existirmos e não termos liberdade de escolha. Para existir, é preciso ter liberdade de escolha.

6.6
Críticas ao libertismo

O *libertismo é* a perspectiva mais vulnerável a objeções, entre as quais apresentaremos três. Primeiramente, a comparação com a existência parece ser indevida. O *cogito* cartesiano aponta para uma impossibilidade de duvidar de nossa própria existência. Temos de supor que existimos para poder duvidar. Qualquer tipo de pensamento, como é o caso da dúvida, não pode acontecer sem a existência. Se algo pensa, existe. Não conseguimos, nesse caso, encontrar espaço para discordar.

Agora pensemos na possibilidade de não existir a liberdade de escolha. Temos de supor essa liberdade nos acontecimentos que realizamos ou não? Como vimos anteriormente, estudos neurológicos mostraram a possibilidade de conduzir pessoas a fazer movimentos por meio de estímulos elétricos artificiais. E as pessoas conduzidas a esses estímulos acreditavam estar fazendo esses movimentos por algum motivo. Se o movimento estimulado era de virar a cabeça, diziam, por exemplo, que fizeram isso por ter ouvido um barulho em determinada direção. Apesar de pensarem que fizeram por deliberação, na verdade fizeram por um estímulo médico artificial, o que significa que não houve liberdade de escolha. Assim, não temos que supor a liberdade de escolha nos movimentos que realizamos. Podemos aceitar que fazemos coisas sem deliberar. É uma ideia compatível.

Esse experimento neurológico também evidencia a possibilidade de termos a ilusão de deliberar. Os pacientes que receberam estímulos elétricos artificiais, quando perguntados sobre o porquê do movimento, justificavam com causas inexistentes. Eles tinham a ilusão de livre-arbítrio.

Outra crítica que coloca em causa a tese libertista questiona a plausibilidade de uma espécie de entidade mental que não segue as leis deterministas, uma entidade que seria a real responsável pela nossa liberdade de escolha. Quando o libertista apela para a inevitabilidade do livre-arbítrio, ele, em última análise, postula uma espécie de **agente dentro de nós** que controla nossas ações. Este "agente dentro de nós" daria os comandos aos nossos neurônios para a execução das ações. Teríamos então duas partes: uma que não está determinada pelas leis físicas e outra que está determinada por elas. É o famoso dualismo mente e corpo. O problema que surge na concepção dualista em relação ao livre-arbítrio é saber como funciona esse agente dentro nós que não está sujeito às mesmas leis que o nosso corpo.

O erro apontado é supor algo que não se sabe como funciona. O interesse do libertista é solucionar o problema do livre-arbítrio com base na incompatibilidade entre determinismo absoluto e livre-arbítrio. A solução foi supor outra entidade, que não é determinada fisicamente, segundo a constatação da existência do livre-arbítrio. No entanto, isso é feito sem responder como essa outra entidade tem a capacidade de exercer o livre-arbítrio. Ela apenas supõe uma condição para a existência da liberdade de escolha: se a liberdade de escolha existe, existe algo não determinado.

A resposta que o libertista dá traz outro problema: responde como o livre-arbítrio é possível – por meio de uma entidade não determinada – sem responder como essas entidades não são determinadas fisicamente. Tenta resolver um problema trazendo outro problema. Tal situação incorre na falácia do efeito conjunto, que ocorre quando se defende que uma coisa causa outra, mas ambas são o efeito da mesma causa.

O libertista diz que o livre-arbítrio é a causa para a existência de algo não determinado, mas desconsidera que o livre-arbítrio e a existência de algo não determinado dependem da mesma coisa. Para existir liberdade de escolha, é preciso haver também algo não determinado fisicamente. Portanto, as duas coisas parecem ser efeito de uma mesma causa.

No caso específico da tese de Sartre, convém considerar, para evitar confusão, que ela não trata da existência de algo não determinado que pressupõe o livre-arbítrio: ela afirma que a existência humana pressupõe a liberdade. A diferença é que a existência humana não pressupõe o livre-arbítrio, enquanto a existência de algo não determinado pressupõe, sim, o livre-arbítrio. Assim, Sartre não responde o que explica a liberdade de escolha: ele apenas supõe a liberdade de escolha como necessária.

Uma terceira crítica importante ao libertismo pode ser encontrada no livro *Além do bem e do mal*, de Friedrich Nietzsche (1844-1900). O cerne da crítica pode ser colocado da seguinte maneira: para o libertista defender que nem tudo está determinado, ele supõe que a liberdade de escolha não está determinada absolutamente. A liberdade iniciaria uma cadeia causal nova, sem qualquer determinação anterior (Nietzsche, 1922). O problema nisso está em entender o livre-arbítrio de maneira errada. No início deste capítulo, vimos que a ação é o resultado de uma deliberação. Aprendemos que a ação é causada por um desejo ou crença. Isso significa que a ação conta com uma determinação anterior.

183

> Nietzsche é um dos filósofos mais populares da atualidade. Essa fama se deve muito às suas teses polêmicas contra os princípios éticos dos filósofos e do cristianismo. O pensador rejeitava as virtudes altruístas e defendia o valor do sentimento de poder, afirmando que os valores dos poderosos têm de ser resgatados.

Vamos agora pensar no seguinte exemplo: você pode parar de escrever neste exato momento e pode não parar. Se parar de escrever, pode descansar e depois escrever com mais disposição. Se não parar, pode aproveitar o calor das ideias e fazer uma boa articulação. Caso escolha a primeira opção, será determinado pela crença que terá melhor disposição. Escolhendo a segunda opção, será determinado pela crença de aproveitar o calor das ideias. Nos dois casos, você agirá por uma determinação anterior.

6.7

Compatibilismo e a existência do livre-arbítrio

Os pensadores que defendem a tese de que o determinismo é compatível com o livre-arbítrio e a tese de que temos livre-arbítrio são chamados de *deterministas moderados*. Essa perspectiva do livre-arbítrio é a mais difundida entre os filósofos.

A chave para compreender a compatibilidade defendida pelos deterministas moderados é a distinção de acontecimentos que promovemos contra nossa vontade e dos acontecimentos que promovemos de acordo com a nossa vontade. Imaginemos uma situação comum a muitos professores de informática de escolas públicas no Brasil. Muitas dessas instituições não possuem projetores multimídia, ou até têm, mas não funcionam. Em diversas situações, é necessário que o professor trabalhe com esses projetores em sala de aula. É preciso que o aluno visualize determinado processo para compreendê-lo adequadamente. Assim, o professor de informática precisa utilizar o equipamento. Ele é determinado a comprá-lo para exercer sua função, e muitos profissionais acabam comprando com seu próprio dinheiro. Dentre esses, podemos considerar dois grupos. Um grupo que comprou a contragosto – esses professores pensam, com razão, que isso é um dever da escola, mas, como não havia alternativa, se viram obrigados a comprar. O outro grupo comprou porque desejava ter um projetor multimídia individual, um projetor em que cada um seria o único utilizador, ou seja, esse grupo juntou o útil ao agradável. Nos dois casos, não havia alternativa a não ser comprar o projetor. A diferença é que, no primeiro caso, os professores o fizeram contra a vontade e, no segundo, fizeram o que desejavam.

A novidade do determinismo moderado está na concepção de liberdade de escolha. Para essa posição filosófica, quando nossas ações estão de acordo com nossa vontade, elas são livres, e, quando não estão, elas não são livres. Mesmo que as ações sejam determinadas, podem ainda sim ser livres: basta que estejam de acordo com nossos desejos ou crenças. Portanto, o determinismo é compatível com o livre-arbítrio.

Pode-se dizer que esse sentido de livre-arbítrio consideraria, então, que o consumo de drogas por um dependente químico é uma ação livre, pois ele consumiu de acordo com sua vontade. Aqui cabe uma importante observação: essa situação é diferente da situação em que o professor de informática comprou o projetor de acordo com a sua vontade. Conforme vimos, citamos dois grupos de professores que tiveram de comprar o projetor multimídia. Um fez a contragosto, e o outro, por gosto. Estes últimos podiam não gostar. Mesmo não tendo a alternativa de não comprar, a própria vontade não estava determinada. Os professores desse grupo tinham a escolha de não gostar. Isso não ocorre no caso de vício, pois a própria vontade do dependente químico é também determinada, não só o ato.

Há ainda outras situações de ações livres. Por exemplo: seu dia está totalmente livre. Você não tem nenhum compromisso. Mas isso não significa que não tenha de fazer nada. Parece impossível a situação em que alguém passe o dia completamente inativo. Até mesmo quem medita está fazendo algo, ou seja, está meditando. Desse modo, você é determinado a fazer alguma coisa. Mas há várias opções: entre outras, você pode lavar a louça, assistir à televisão ou ouvir música. Você decide ouvir música. Como acordou com as melodias do novo CD da banda californiana *Queens of the Stone Age* na mente, sente vontade de ouvir as músicas em alto e bom som. Nesse caso, você estava determinado a fazer alguma coisa, mas escolheu uma ação entre outras e também uma vontade entre outras. Diferentemente dos professores de informática, você pode fazer duas escolhas.

Podemos ver, então, que há níveis de determinação. Há determinações mais rígidas, com apenas uma escolha possível, e determinações mais flexíveis, com a possibilidade de mais de uma escolha. O ponto central da concepção compatibilista é que ela consegue resguardar ao menos uma escolha livre. Mesmo que seja apenas sobre a própria vontade.

O determinismo moderado é determinista porque pensa que as responsabilidades por nossas ações têm de ser determinadas. Se você não pode agir determinado por suas crenças ou desejos, não é livre. A responsabilidade moral só pode existir se for **causada**, em algum nível, por um agente, ou seja, se for **determinada**, em algum nível, por um agente. E o determinismo moderado é assim considerado porque reserva um espaço para a liberdade de escolha. Em algum nível – em última análise, no nível da vontade –, existe a possibilidade de agir de modo diferente.

Os deterministas moderados acreditam que a responsabilidade moral está relacionada com liberdade de escolha. A formulação do argumento compatibilista que defende a existência do livre-arbítrio é esta:

Se somos moralmente responsáveis, temos liberdade de escolha.
Somos moralmente responsáveis.
Portanto, temos liberdade de escolha.

6.8
Críticas ao determinismo moderado

O filósofo americano Harry Frankfurt, nascido em 1929, defendeu que é possível uma pessoa ser responsável pelo ato mesmo não podendo ter agido de forma diferente.

A seguir, vamos ver uma excelente versão de uma situação ilustrada por Frankfurt para mostrar a possibilidade citada no início desta seção. A autoria é de Miguel Amen (2005):

Imaginemos que Black, membro de uma poderosa associação criminosa, contrata Jones para matar o Presidente. Jones foi eficaz no passado e continua a ser o melhor atirador que se conhece. Contudo, Black tem algumas razões para desconfiar da dedicação e lealdade de Jones neste momento – constou que Jones quer abandonar a profissão. Mas Jones é tão valioso que Black quer ter a certeza. Assim, sem que este saiba, manda os seus cientistas instalar no cérebro de Jones um dispositivo que vigie os estados cerebrais deste – um neuroscópio. Caso o neuroscópio dê alguma indicação de que Jones não vai matar o presidente, coisa que o neuroscópio consegue fazer com suprema precisão, este põe em ação um mecanismo que faz Jones decidir matar o presidente. Contudo Black não quer somente certificar-se que Jones mata o presidente; quer saber se Jones vai continuar ou não a trabalhar com ele no futuro. E o melhor indicador disso é Jones decidir por si matar o presidente. Por isso, o dispositivo está de tal forma montado que se Jones não mostrar qualquer inclinação para não matar o presidente, o dispositivo não intervém, e tudo acontece como aconteceria se o neuroscópio lá não estivesse.

Suponhamos agora que Jones decide, por si só, baseado nas suas próprias razões, matar o presidente e de fato realiza este ato. Nesse caso, o dispositivo não entra em ação e tudo acontece como aconteceria se Black não tivesse pedido aos seus cientistas para monitorizarem Jones.

A pergunta a que temos que responder é: Jones é responsável moralmente pelo crime? Ora, ele decidiu por conta própria matar o presidente. Não foi preciso Black intervir por meio do neuroscópio para que Jones fizesse o que fez. Portanto, parece evidente que Jones é moralmente responsável pelo crime. Agora, outra pergunta: Jones podia ter agido de forma diferente? A qualquer sinal de que ele decidiria não matar o presidente, Black acionaria o neuroscópio para Jones matar o governante. Portanto, Jones não poderia ter agido de forma diferente. Ele não tinha liberdade de escolha.

> Harry Frankfurt é um filósofo contemporâneo. Um de seus livros, *Sobre falar merda*, chegou a entrar na lista dos mais vendidos do jornal *The New York Times*. Apesar de ter feito uma forte objeção ao determinismo moderado, ele é compatibilista. Pode-se dizer que Frankfurt oscila entre o determinismo radical e o determinismo moderado, sem posições bem definidas sobre a questão.

Na seção anterior, vimos que os deterministas moderados defendem a ideia segundo a qual a responsabilidade moral pressupõe o livre-arbítrio. Eles afirmam que, se somos moralmente responsáveis, temos livre-arbítrio. Essa situação imaginária desenvolvida por Frankfurt, no entanto, exemplifica um caso no qual a pessoa foi moralmente responsável por um ato e não tinha liberdade de escolha.

Outra objeção que atinge o determinismo moderado foi feita por Peter van Inwagen, nascido em 1942. Para esse filósofo, a tese compatibilista é falsa. Os compatibilistas admitem o determinismo. O que eles não admitem é que tudo esteja determinado, sem espaço para a liberdade de escolha.

Inwagen é um dos principais filósofos atuais. Os trabalhos que tem feito sobre o livre-arbítrio já o marcaram na história da filosofia. Além de outros temas metafísicos, trabalha também com filosofia da religião.

O argumento de Inwagen (1983) é este: se nossos atos são consequências das leis naturais que existem antes de nós, o que é admitido pelo compatibilista, então isso que causou nossos atos não depende de nós. Não podemos ter qualquer controle acerca daquilo que existe antes de nós. Isso implica que as consequências daquilo que causou nossos atos, que são nossos próprios atos, também não dependem de nós. Assim sendo, o determinismo não permite o livre-arbítrio.

Peter van Inwagen é responsável por revigorar o incompatibilismo. Entretanto, suspeita que deve haver um erro nas teses, que exclui o livre-arbítrio, ainda que não tenha conseguido identificar esse equívoco.

Síntese

Neste capítulo, estudamos um dos problemas mais envolventes da metafísica: a inquietante possibilidade de sermos uma espécie de "marionetes". Primeiramente, vimos que *ação* é diferente de *acontecimento*. Enquanto toda ação é um acontecimento, nem todo acontecimento é uma ação. A ação é o resultado de uma deliberação (liberdade de escolha), mas há coisas que acontecem que não são por deliberação. Essas distinções são importantes porque o problema do livre-arbítrio tem como ponto central a dúvida sobre a nossa capacidade de deliberar sobre as ações que praticamos.

A perspectiva do determinismo radical defende que não deliberamos porque tudo está determinado. Já a perspectiva libertista defende o contrário: ela acredita que nem tudo está determinado porque deliberamos. Já a perspectiva do determinismo moderado tanto defende que deliberamos como que tudo está determinado. Aqui, vimos que todas as três posições são passíveis de críticas. Aprendemos que o determinismo radical enfrenta o problema da ausência de responsabilidade moral e o problema da evidência de liberdade de escolha. O libertismo enfrenta o problema da compatibilidade entre a existência humana e o determinismo, o problema da ilusão de deliberação e o problema de postular outra entidade como causa da deliberação. O determinismo moderado enfrenta o problema da possibilidade de responsabilidade moral sem deliberação e o problema da incompatibilidade entre determinismo e deliberação.

Indicações culturais

Entrevista

NO JARDIM da filosofia. **Peter van Inwagen sobre o problema do livre-arbítrio**. Produção: Centro de Filosofia da Universidade de Lisboa, Lisboa, 2013. Disponível em: <https://www.youtube.com/watch?v=YxGi0yilxF4>. Acesso em: 6 jul. 2015.

Essa é uma entrevista com o filósofo Peter van Inwagen sobre o problema do livre-arbítrio. De maneira clara e simples, o filósofo esclarece alguns pontos importantes sobre o assunto.

Filmes

MINORITY Report. Direção: Steven Spielberg. EUA: 20th Century Fox, 2002. 145 min.

O filme narra um futuro no qual a polícia consegue prever crimes e impedi-los antes que aconteçam. Por meio de um sistema sofisticado que recebe previsões de paranormais, os policiais conseguem prender com antecedência as pessoas que iriam cometer os crimes. Uma questão interessante levantada no filme é o problema da prisão de assassinos que ainda não cometeram assassinatos. Assista ao filme e reflita: é possível acusar previamente?

Atividades de autoavaliação

1. Qual alternativa **não** é uma ação?
   a) Ontem choveu.
   b) Rafael correu no parque.
   c) Aqueles políticos roubaram.
   d) Comprei um carro.

2. Qual alternativa é uma ação?

   a) Arthur caiu na calçada.

   b) Ele foi jogar bola.

   c) O *tsunami* no Japão ocorreu em 2011.

   d) As árvores perderam as folhas.

3. O problema do livre-arbítrio pertence fundamentalmente a qual área?

   a) À ética.

   b) À filosofia da ação.

   c) À filosofia da mente.

   d) À metafísica.

4. Qual alternativa é uma questão sobre o problema do livre-arbítrio?

   a) Por que é errado matar inocentes?

   b) Deus é a origem do universo?

   c) Temos liberdade de escolha?

   d) O Estado pode interferir na minha vida?

5. O que é o determinismo?

   a) A tese de que todos estamos determinados a morrer.

   b) A tese de que tudo está determinado por causas anteriores.

   c) A tese de que poucas coisas estão determinadas por causas anteriores.

   d) A tese de que estamos determinados a sermos livres.

6. O que é determinismo radical?

   a) A perspectiva que defende a liberdade de escolha.

   b) A perspectiva que defende o determinismo e a liberdade de escolha.

c) A perspectiva que defende que determinismo é compatível com a liberdade de escolha.

d) A perspectiva que defende o determinismo e a ausência de liberdade de escolha.

7. Qual afirmação é verdadeira sobre o libertismo?
   a) Defende a existência da liberdade de escolha.
   b) Defende uma liberdade de escolha moderada.
   c) Defende a compatibilidade entre determinismo e liberdade de escolha.
   d) Defende a liberdade política.

8. O determinismo moderado é:
   a) uma perspectiva que defende a incompatibilidade entre determinismo e liberdade de escolha.
   b) uma perspectiva que defende que temos a liberdade de escolha mesmo que tudo esteja determinado.
   c) uma perspectiva que diz ser a coerção um tipo de liberdade de escolha.
   d) uma perspectiva que diz que o determinismo é incompatível com a liberdade de escolha, mas que temos liberdade de escolha.

9. O determinismo moderado relaciona:
   a) a liberdade de escolha com a existência.
   b) a liberdade de escolha com a experiência.
   c) a liberdade de escolha com uma entidade mental.
   d) a liberdade de escolha com a responsabilidade moral.

10. A refutação de Peter van Inwagen ao compatibilismo mostra que as consequências daquilo que causa nossos atos não dependem de nós. O que isso significa?

a) Que as consequências das leis da natureza dependem de nós.

b) Que nossos atos dependem de nós.

c) Que as causas de nossos atos dependem de nós.

d) Que nossos atos não dependem de nós.

Atividades de aprendizagem

Questões para reflexão

1. Em que consiste o determinismo?

2. Por que a intuição de responsabilidade moral é um problema para o determinismo radical?

3. Cite uma das razões dadas pelos libertistas para acreditar na existência do livre-arbítrio.

4. Como se dá o problema que surge da concepção dualista em relação ao livre-arbítrio?

5. Como a liberdade de escolha é concebida pelo determinismo moderado?

Atividade aplicada: prática

1. (Elaborado com base em Esteves, 2015) No ano de 2015, em Campo Grande (MS), um lutador de *jiu-jitsu*, revoltado com a namorada, acabou por matar um hóspede do hotel em que eles estavam hospedados. Depois de o lutador suspeitar que o filho que a namorada estava esperando não era dele, ele começou a destruir as mobílias do quarto e do corredor do hotel. Sem saber o que estava acontecendo, ao abrir a porta de seu quarto, um hóspede foi surpreendido pelo lutador, que começou a agredi-lo fisicamente. O hóspede agredido não resistiu aos ferimentos e faleceu. Há quem diga que a morte foi causada pelo surto que o lutador teve, não tendo o lutador responsabilidade pela morte do hóspede. Os defensores dessa posição alegam que o lutador não teve liberdade de escolha, pois o acontecimento foi determinado por condições neurológicas específicas do lutador. Você concorda? Justifique sua resposta em um breve texto argumentativo.

considerações finais

prendemos, ao longo desta obra, o que é a metafísica, o que ela representa para a filosofia e a sua relação com a ciência. Apresentamos discussões que vão desde aspectos da metafísica de Aristóteles até discussões contemporâneas sobre o livre-arbítrio.

Mas qual exatamente é o resultado do caminho percorrido até aqui? A metafísica é, de fato, uma disciplina legítima do conhecimento?

As respostas que ela oferece aos problemas metafísicos constituem conhecimentos legítimos? Se sim, qual é a natureza desses conhecimentos? Essas foram perguntas que buscamos resolver ao longo do livro, mostrando exemplos de como alguns dos principais autores tentaram fornecer essas respostas.

Depois de percorrermos os caminhos trilhados durante a leitura de importantes filósofos e dos principais problemas metafísicos no decorrer da história, somos capazes de perceber com mais clareza a importância da metafísica para o conhecimento humano, importância que reside no fato de a disciplina lidar especificamente com problemas de fundamento, como o da liberdade, da necessidade, do ser e o fundamento dela mesma. E questões de fundamento são a base sobre a qual se ergue o conhecimento humano.

Outro fator de suma importância consiste no fato de a metafísica ser a única disciplina capaz de produzir conhecimento legítimo ao lado da ciência, diferenciando-se desta justamente por lidar com questões que não estão ao alcance da investigação científica, ou seja, que não podem ser conduzidas em direção a uma resposta dentro de um laboratório com base em testes de hipóteses.

Precisamente, o que tentamos deixar claro foi um processo histórico de amadurecimento da metafísica. Houve um momento claro em que toda sua plausibilidade foi posta em xeque com a crítica humeana, e não sem razão: naquele período se percebeu que muitos dos trabalhos que se outorgavam o título de *metafísicos*, por estarem muito longe da experiência, acabavam caindo e incorrendo em confusões provocadas pela falta de amparo metodológico, de uma metodologia que guiasse a investigação no terreno metafísico.

Nos últimos capítulos, porém, o que constatamos com o modo como as discussões metafísicas são tratadas atualmente é justamente que essa metodologia, própria da filosofia, se encontra no emprego de técnicas formais vindas da lógica e da matemática, auxiliando e conduzindo os filósofos por meio do árduo debate que se estabelece com base nesses temas.

Acreditamos que o que foi exposto até aqui capacite você a ter uma ampla e profunda visão acerca de uma das mais nobres áreas da filosofia e o incite a buscar e a pensar por si próprio e fazer com que o seu conhecimento e o conhecimento como um todo avancem e se estendam nas mais difíceis questões que desafiam o intelecto.

referências

ADAMS, R. M. Actualism and Thisnesses. **Synthese**, v. 49, p. 3-41, 1981. Disponível em: <http://philebus.tamu.edu/cmenzel/ Papers/ModalExistentialism/Adams-ActualismAndThisness. pdf>. Acesso em: 3 jul. 2015.

ADAMS, R. M. Theories of Actuality. **Noûs**, v. 8, p. 211-231, 1974.

ALMEIDA, A.; MURCHO, D. **Janelas para a filosofia**. Lisboa: Gradiva, 2014.

ALMEIDA, A.; MURCHO, D.; TEIXEIRA, C. **50 lições de filosofia**: filosofia 10º ano: manual do professor. Lisboa: Didáctica, 2013.

AMEN, M. **A engenhosa experiência mental de Frankfurt**. 19 nov. 2005. Disponível em: <http://criticanarede.com/met_frankfurt. html>. Acesso em: 3 jul. 2015.

ANSELM. Proslogion. In: ANSELM. **Anselmi Cantuariensis Archiepiscopi Opera Omnia**. Seccovii: Abbatia, 1938.

ANSELM. Proslogion. In: ANSELM. **Anselm of Canterbury**: the Major Works. Tradução de M. J. Charlesworth. Oxford: Oxford University Press, 1998.

AQUINO, T. de. **O ente e a essência**. Tradução de Carlos Arthur Ribeiro do Nascimento. Petrópolis: Vozes, 1995.

AQUINO, T. de. **Suma de teologia**. Tradução de Carlos Arthur Ribeiro do Nascimento. Uberlândia: Edufu, 2006.

AQUINO, T. de. **Suma teológica**. São Paulo: Loyola, 2002.

ARISTÓTELES. **Física I-II**. Tradução de Lucas Angioni. Campinas: Ed. da Unicamp, 2009.

ARISTÓTELES. **Metafísica IV**. Tradução de Lucas Angioni. Campinas: IFCH Unicamp, 2007.

ARISTÓTELES. **Metafísica VII-VIII**. Tradução de Lucas Angioni. Campinas: IFCH Unicamp, 2005.

ARISTOTLE. **Aristotle's Metaphysics**: a Revised Text with Introduction and Commentary by W. D. Ross. Oxford: Clarendon Press, 1924.

ARISTOTLE. **Aristotle's Physics**. Tradução de Robin Waterfield. New York: Oxford University Press, 2008.

ARISTOTLE. **Metaphysics**. Tradução de W. D. Ross. Chicago: University of Chicago, 1952a.

ARISTOTLE. **Physics**. Tradução de R. P. Hardie e R. K. Gaye. Chicago: University of Chicago, 1952b.

ARISTOTLE. **Physica**: recognovit, breviqve adnotatione critica instrvxit W. D. Ross. New York: Oxford University Press, 1950.

ARISTOTLE. **The Physics I-IV**. Tradução de P. H. Wicksteed e F. M. Cornford. Michigan: LOEB Classical Library, 1929.

BLACKBURN, S. **Pense**: uma introdução à filosofia. Lisboa: Gradiva, 2001.

BRANQUINHO, J. In Defense of Obstinacy. **Philosophical Perspectives**, v. 17, n. 1, p. 1-23, fev. 2003.

CHARLESWORTH, M. **Anselm's Proslogion**. Oxford: Oxford University Press, 1965.

CHIHARA, C. **The Worlds of Possibility**. Oxford: Clarendon Press, 2002.

COHEN, M. **Aristotle's Metaphysics**. Jun. 11th 2012. Disponível em: <http://plato.stanford.edu/entries/aristotle-metaphysics>. Acesso em: 6 jul. 2015.

DAVIDSON, M. Transworld Identity, Singular Propositions, and Picture-Thinking. In: DAVIDSON, M. **On Sense and Direct Reference**: Readings in the Philosophy of Language Boston: McGraw Hill, 2011.

DIVERS, J. **Possible Words**. Oxford: Oxford University Press, 2002.

ESPINOSA, B. de. **Ética**. Tradução de Joaquim de Carvalho, Joaquim Ferreira Gomes e Antônio Simões. Lisboa: Relógio d'água Editores, 1992.

ESTEVES, K. Lutador ataca a namorada, destrói hotel e mata hóspede, diz polícia. **Folha de S. Paulo**, São Paulo, 20 de abr. 2015. Disponível em: <http://www1.folha.uol.com.br/cotidiano/2015/04/1618874-lutador-e-acusado-de-agredir-a-namorada-e-matar-hospede-em-hotel.shtml>. Acesso em: 9 ago. 2015.

FINE, K. **Modality and Tense**: Philosophical Papers. Oxford: Clarendon Press, 2005.

FINE, K. Plantinga on the Reduction of Possibilist Discourse. In: PLANTINGA, A. **Reidel Profile Series**. Dordrecht: Riedel, 1985.

FINE, K.; PRIOR, A. **Worlds, Times, and Selves**. Amherst: University of Massachusetts Press, 1977.

FORBES, G. **The Metaphysics of Modality**. Oxford: Oxford University Press, 1985.

HODGES, W. **Model Theory**. 2003. Disponível em: <http://plato.stanford.edu/archives/spr2003/entries/actualism>. Acesso em: 6 jul. 2015.

HUME, D. **Investigação sobre o entendimento humano**. São Paulo: Abril Cultural, 1973.

HUME, D. **Tratado da natureza humana**. Tradução de Debora Danowski. São Paulo: Ed. da Unesp, 2000.

IMAGUIRE, G. Modal Reasoning Without Possible Worlds. In: IMAGUIRE, G.; JACQUETTE, D. (Org.). **Possible Worlds**. Deutschland: Philosophia Verlag, 2010. p. 245-274.

INWAGEN, P. van. **An Essay on Free Will**. Oxford: Clarendon Press, 1983.

INWAGEN, P. van. Two Concepts of Possible Worlds. In: **Ontology, Identity, Modality**: Essays in Metaphysics. Cambridge University Press, 2001.

JAEGER, T. An Actualistic Semantics for Quantified Modal Logic. **Notre Dame Journal of Formal Logic**, v. 23, n. 3, p. 335-349, 1982.

KANT, I. **Crítica da razão pura**. 5. ed. Lisboa: Fundação Calouste Gulbekian, 2001. Disponível em: <http://charlezine.com.br/wp-content/uploads/Crítica-da-Razão-Pura-Kant.pdf>. Acesso em: 9 out. 2015.

KAPLAN, D. How to Russel a Frege-Church. **Journal of Philosophy**, v. 72, p. 716-729, 1975.

KAPLAN, D. Opacity. In: **The Philosophy of W. V. Quine**. L. E. Hahn and P. A. Schilpp, (Eds.). La Salle: Open Court, 1986. p. 229-289.

KAPLAN, D. Demonstratives. In: ALMOG, J.; PERRY, J.; WETTSTEIN, H. **Themes from Kaplan**. Oxford: Clerendon, 1989. p. 481-564.

KENNY, A. **História concisa da filosofia ocidental**. 1999. Disponível em: <http://copyfight.me/Acervo/livros/KENNY,%20Anthony.%20Histo%CC%81ria%20Concisa%20da%20Filosofia%20Ocidental.pdf>. Acesso em: 3 jul. 2015.

KLIMA, G. **The Medieval Problem of Universals**. Jul. 8th 2013. Disponível em: <http://plato.stanford.edu/entries/universals-medieval>. Acesso em: 6 jul. 2015.

KNEALE, W. Modality *De Dicto* and *De Re*. In: **Logic, Methodology and Philosophy of Science**. Stanford University Press: Ed. Nagel, Suppes, and Tarski, 1962.

KRIPKE, S. A. **Nomear e a necessidade**. Lisboa: Gradiva, 2012.

KRIPKE, S. A. **Semantical Considerations of Modal Logic I:** Normal Modal Propositional Calculi. Zeitschr für Mathematische Logik und Grundlagen der Mathematik, Ed. 9, Seite 67-96, 1963. Disponível em: <http://fitelson.org/142/kripke_1.pdf>. Acesso em: 6 jul. 2015.

LANDIM FILHO, R. F. A questão dos universais segundo a teoria tomista da abstração. **Analytica**, Rio de Janeiro, v. 12, n. 2, p. 11-33, 2008.

LEWIS, D. **Counterfactuals**. Oxford: Blackwell, 1973.

LEWIS, D. Paradise on the Cheap. In: LEWIS, D. **On the Plurality of Worlds**. USA: Wiley-Blackwell, 2001. p. 136-191.

MARCUS, R. B. Extensionality. In: **Mind**, v. 69, p. 55-62, 1960.

MENZEL, C. Actualism, Ontological Commitment, and Possible Worlds Semantics. **Synthese**, v. 85, n. 3, p. 355-389, Dec. 1990. Disponível em: <http://philebus.tamu.edu/cmenzel/Papers/aocpws.pdf>. Acesso em: 3 jul. 2015.

MERRICKS, T. **Singular Propositions**. 2012. Disponível em: <https://pages.shanti.virginia.edu/merricks/files/2011/09/Singular-Propositions1.pdf>. Acesso em: 6 jul. 2015.

MURCHO, D. **Essencialismo naturalizado**. Coimbra: Angelus Novus, 2002.

NAGEL, T. **Uma breve introdução à filosofia**. Tradução de Silvana Vieira. São Paulo: M. Fontes, 2011.

NIETZSCHE, F. **Além do bem e do mal**. Tradução de Paulo César de Souza. São Paulo: Companhia das Letras, 1992.

OCKHAM, G. **Summa Logicae**. Disponível em: <http://www.logicmuseum.com/wiki/Authors/Ockham/Summa_Logicae>. Acesso em: 4 jun. 2015.

PAPINEAU, D. **Filosofia**. Tradução de Maria da Anunciação e Eliana Rocha. São Paulo: Publifolha, 2013.

PELLEGRIN, P. **Vocabulário de Aristóteles**. Tradução de Claudia Berliner. São Paulo: M. Fontes, 2010.

PLANTINGA, A. Actualism and Possible Worlds, **Theoria**, v. 42, n. 1, p. 105-121, abr. 1976.

PLANTINGA, A. On Existentialism. **Philosophical Studies**, v. 44, n. 1, p. 1-20, 1983.

PLANTINGA, A. Replies to my Colleagues. In: INWAGEN, P. V.; TOMBERLIN, J. Alvin. **Plantinga**: a Profile. Dordrecht: Reidel, 1985. p. 313-396.

PLANTINGA, A. **The Nature of Necessity**. Oxford: Oxford University Press, 1974.

PLATÃO. **Parmênides**. Rio de Janeiro: PUC-Rio, 2003.

POLLOCK, J. L. Plantinga on Possible Worlds. In: INWAGEN, P. V.; TOMBERLIN, J. **Alvin Plantinga**: a Profile. Dordrecht: Reidel, 1985. p. 145-186.

QUINE, W. O. **Reference and Modality**. 2. ed. Cambridge: Harvard University Press, 1961, p. 139-159.

QUINE, W. O. **Palavra e objeto**. Petrópolis: Vozes, 2010.

RACHELS, J. **Problemas da filosofia**. Tradução de Pedro Galvão. Lisboa: Gradiva, 2009.

SALMON, N. Nonexistence. **Noûs**, v. 32, n. 3, p. 277-319, 1998.

SARTRE, J. P. **O existencialismo é um humanismo**. Tradução de Rita Correira Guedes, Luiz Roberto Salinas Forte e Bento Prado Júnior. São Paulo: Nova Cultural, 1987.

SHIELDS, C. **Aristotle**. New York: Routledge, 2007.

SMULLYAN, A. Modality and Description, **The Journal of Symbolic Logic**, v. 13, n. 1, p. 31-37, 1948.

SPEAKS, J. **Gaunilo's Reply to Anselm**. 2006. Disponível em: <http://www3.nd.edu/~jspeaks/courses/mcgill/201/gaunilo.pdf>. Acesso em: 3 jul. 2015.

STALNAKER, R. C. Possible Worlds. **Noûs**, v. 10, n. 1, p. 65-75, Mar. 1976. Disponível em: <http://people.hss.caltech.edu/~franz/Knowledge%20and%20Reality/PDFs/Robert%20C.%20Stalnaker%20-%20Possible%20Worlds.pdf>. Acesso em: 3 jul. 2015.

ZINGANO, M. Unidade do gênero e outras unidades em Aristóteles: significação focal, relação de consecução, semelhança, analogia. **Analytica**, Rio de Janeiro, v. 17, n. 2, p. 395-432, 2013. Disponível em: <http://revistas.ufrj.br/index.php/analytica/article/download/2184/1909>. Acesso em: 3 jul. 2015.

bibliografia comentada

MURCHO, D. **Essencialismo naturalizado**: aspectos da metafísica da modalidade. Coimbra: Angelus Novus, 2002.

Esse é um excelente livro de metafísica escrito em língua portuguesa. Essencialismo é a tese de que algumas das propriedades tidas por particulares não são contingentes, ou seja, eles não poderiam deixar de tê-las. Um modo de representar essa ideia – e que ganhou bastante força nas últimas décadas – é por meio da análise de mundos possíveis e do discurso envolvendo a noção de necessidade. No entanto, após as críticas de Hume à necessidade no século XVIII, a ideia de essencialismo perdeu força, o que culminou com Quine na década de 1950. No entanto, aos poucos, essa visão empirista defendida por Hume, Quine e outros estudiosos foi sendo derrubada pelos trabalhos de filósofos como Kripke, Putnam e Plantinga, o que fez com que o essencialismo então ressuscitasse. Nesse livro, Desidério Murcho apresenta uma versão particular de essencialismo, fundamentado em verdades necessárias *a posteriori*, que, embora sejam necessárias, dependem da experiência para ser descobertas. A discussão, apesar do alto teor de complexidade de seu conteúdo, é apresentada de modo bastante claro e simples, tornando esse livro acessível até para quem não conhece muito a respeito das discussões abordadas nele.

SHIELDS, C. **Aristotle**. New York: Routledge, 2007.

Esse livro é uma introdução à filosofia de Aristóteles. Nele, estão os principais temas trabalhados pelo filósofo: teoria do conhecimento, lógica, filosofia da ciência, filosofia da natureza, metafísica, filosofia da mente, ética, política, retórica e filosofia da arte. Shields também trata da metodologia filosófica de Aristóteles, um assunto fundamental para compreender seus argumentos e teorias. A vantagem dessa introdução está na atenção dada aos conceitos e argumentos fundamentais das teses do filósofo, e não nos problemas de interpretação dos textos. Essa escolha facilita o entendimento das posições filosóficas porque não desvia a concentração do leitor daquilo que interessa. Além disso, Shields explica cada conceito e tese com precisão e com exemplos cotidianos, dando a impressão de que Aristóteles é um interlocutor que poderia ser nosso vizinho ou colega de trabalho.

respostas

Capítulo 1

Atividades de autoavaliação

1. c
2. d
3. a
4. b

5. d

6. a

7. a

8. b

9. c

10. d

Atividades de aprendizagem

Questões para reflexão

1. Aristóteles afirma que existem conceitos com sentidos diferentes que têm uma referência única. O adjetivo *saudável*, por exemplo, é usado com sentidos diferentes, sem perder a relação com o conceito de *saúde*. Não há uma característica comum a todos os sentidos de *saudável*, mas há uma referência única.

2. O conceito mais básico precisa ser o mais conhecido e não ter conceitos anteriores (não hipotético).

3. O conceito de *essência* em Aristóteles significa a característica que uma coisa não pode deixar de ter para ser o que é.

4. Porque a essência acabaria por designar uma coisa desprovida de qualquer característica. Isso é incompatível com a ideia de essência como aquilo que é responsável pela determinação de algo.

5. Porque a forma é a responsável por algo ser o que é. Se a casa for destruída, deixando de ser uma casa, a forma desaparece conjuntamente. O mesmo não acontece com a matéria. Ela continua a existir. Em razão disso, a forma é anterior à matéria.

Capítulo 2

Atividades de autoavaliação

1. a
2. c
3. d
4. b
5. d
6. d
7. d
8. c
9. d
10. d

Atividades de aprendizagem

Questões para reflexão

1. Explicar como é possível o conhecimento humano.

2. A realidade sensível é mutável. O conhecimento humano deve se pautar em formas eternas e imutáveis; logo, deve haver, separado do mundo sensível efêmero e mutável, um reino onde habitam as formas que os objetos sensíveis participam em maior ou menor grau.

3. Realismo e nominalismo.

4. O conhecimento começa com base na experiência. A mente é capaz de abstrair dos objetos sensíveis certas características desses objetos, como a linha de uma mesa, ou as linhas de um triângulo, e formar e compor na mente a forma que mais se aproxima daquele objeto.

5. Um universal é uno apenas enquanto absolutamente considerado, como em seus aspectos definicionais, e múltiplo enquanto existindo nos objetos, mas uma multiplicidade apenas acidental.

Capítulo 3

Atividades de autoavaliação

1. b
2. d
3. d
4. a
5. b
6. c
7. d
8. c
9. b
10. c

Atividades de aprendizagem

Questões para reflexão

1. É um argumento que pretende provar a existência de Deus.

2. Deus é aquilo do qual nada maior pode ser pensado; tudo que existe é maior do que aquilo que não existe; aquilo do qual nada maior pode ser pensado existe na mente; aquilo do qual nada maior pode ser pensado existe na realidade, pois, caso contrário, não seria aquilo acerca do qual nada maior pode ser pensado.

3. Possivelmente, existe uma ilha a respeito da qual nenhuma outra maior pode ser pensada.

4. Como um predicado que não se aplica a objetos.

5. Que uma coisa é entender quando alguém explica a definição de *homem, triângulo* ou *pégaso*; outra é compreender se eles existem.

Capítulo 4

Atividades de autoavaliação

1. d
2. d
3. a
4. c
5. d
6. a
7. c
8. d
9. c
10. d

Atividades de aprendizagem

Questões para reflexão

1. Hume se posiciona contra o conceito de *necessidade metafísica*.

2. O exemplo do prisma de cores, em que uma pessoa que nunca teve contato com uma cor é capaz de saber, dada a ausência de certa tonalidade, que falta um tom daquela cor no prisma.

3. Conjunção constante, contiguidade no tempo e no espaço e causalidade.

4. Princípio de causalidade.

5. Uma proposição necessária é uma proposição que não poderia ser falsa e *a posteriori*, pois só podemos descobrir sua verdade por meio da experiência. Por exemplo: "a Estrela da Manhã é idêntica à Estrela Vespertina".

Capítulo 5

Atividades de autoavaliação

1. a
2. c
3. d
4. a
5. d
6. d
7. d
8. a
9. b
10. d

Atividades de aprendizagem

Questões para reflexão

1. É uma proposição que envolve diretamente um objeto. Por exemplo: Sócrates era grego.

2. É uma proposição geral que envolve apenas conceitos. Por exemplo: o mestre de Platão era grego.

3. Digamos que você esteja pensando no número 5, então a proposição "o número em que você está pensando é necessariamente ímpar", se lida *de re* (sobre o número 5), é verdadeira; se lida *de dicto*, é falsa, pois você poderia estar pensando em qualquer outro número.

4. Da afirmação que matemáticos são necessariamente racionais, podemos concluir que eles são e não são necessariamente bípedes.

5. A afirmação de que matemáticos são necessariamente racionais pode ter mais de uma leitura, ou seja, ela é ambígua: apenas uma das

interpretações é verdadeira, e Quine emprega no argumento justamente a que é falsa.

Capítulo 6

Atividades de autoavaliação

1. a
2. b
3. d
4. c
5. b
6. d
7. a
8. d
9. d
10. d

Atividades de aprendizagem

Questões para reflexão

1. O determinismo consiste na inevitabilidade das consequências. Dado um acontecimento ou um conjunto de acontecimentos, não é possível mais que uma consequência.

2. Porque é difícil abrir mão da ideia de que temos controle sobre a maior parte de nossas ações. Ao pararmos para pensar na possibilidade de que todas as nossas ações são determinadas de antemão, não conseguimos deixar de pressupor nossa capacidade de deliberação, nossa capacidade de fazer algo de forma diferente do que poderíamos fazer.

3. Uma das razões é de que temos muito mais motivos para acreditar em nossa liberdade de escolha do que na possibilidade de tudo estar determinado. A todo momento, estamos tendo experiências de escolha.

4. O problema é supor algo que não se sabe como funciona. O interesse do libertista é solucionar o problema do livre-arbítrio com base na incompatibilidade entre determinismo absoluto e livre-arbítrio. A solução foi supor outra entidade, que não é determinada fisicamente, fundamentada na constatação da existência do livre-arbítrio. No entanto, isso é feito sem responder como essa outra entidade tem a capacidade de livre-arbítrio. Apenas supõe uma condição para a existência da liberdade de escolha: se a liberdade de escolha existe, existe algo não determinado.

5. Quando nossas ações estão de acordo com nossa vontade, elas são livres; quando nossas ações não estão de acordo com nossa vontade, elas não são livres. Mesmo que as ações sejam determinadas, podem, ainda assim, ser livres: basta estarem de acordo com nossos desejos ou crenças. Portanto, o determinismo é compatível com o livre-arbítrio.

sobre os autores

Max Costa é graduado, mestre e doutor em Filosofia pela Universidade Federal do Paraná (UFPR). Tem experiência na área de filosofia, com ênfase em filosofia da linguagem, metafísica e lógica, em especial nos seguintes assuntos: Kripke, semântica e pragmática, ontologia, ontologia da lógica, teorias da referência e referência direta.

Thiago Melo é graduado em Filosofia pela UFPR. Atualmente, leciona Filosofia para o ensino médio. Tem experiência na área de filosofia, com ênfase em introdução à filosofia, história da filosofia, metafísica e filosofia da ciência. Suas especialidades são a filosofia de Aristóteles e a chamada *filosofia analítica*.

SANZIO, R. *A Escola de Atenas (Scuola di Atene)*.
1509-1510. 500 cm × 770 cm; color.
Stanza della Segnatura, Palácio Apostólico:
Cidade do Vaticano.

Impressão:
Setembro/2023